GABY VARGAS

Cómo triunfar en el trabajo

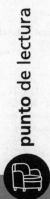

punto de lectura

CÓMO TRIUNFAR EN EL TRABAJO
D.R. © Gabriela Vargas, 2005

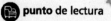 punto de lectura

De esta edición:
    D. R. © Punto de Lectura, s.a. de c.v.
    Av. Universidad núm. 767, col. del Valle
    c.p. 03100, México, D.F. Teléfono 5420-75-30
    www.puntodelectura.com.mx

Primera edición en Punto de Lectura: septiembre de 2006
Segunda reimpresión: enero de 2007

ISBN: 978-970-731-140-4

D. R. © Adaptación de cubierta: José Manuel Caso-Bercht
D. R. © Fotografía de la autora: Raúl González
D. R. © Diseño de interiores: José Manuel Caso-Bercht
D. R. © Ilustraciones: Adriana Quiroz de Arvide

Impreso en México

GABY VARGAS

Cómo triunfar en el trabajo

Índice

A mis tres Pablos, dos Diegos y dos Antonios, mis hombres de siempre y los recientes.

Agradecimientos

Quiero agradecer a Concha de Haro y Francesca Spattaro, por su gran ayuda en la investigación del material.

A Pablo, mi esposo, por su incondicional apoyo.

A Adriana Arvide por su creatividad para las ilustraciones.

A Paola Quintana, Guadalupe Gavaldón, Carla Cue y Andrea Berrondo, por su asesoría y atinada crítica.

A mis editores, Armando Collazos, Vicente Herrasti y Karina Simpson por su gran apoyo. Y a Alejandra Romero por su dedicación.

Fija una meta…
y alcánzala

*Subir montañas encrespadas requiere
pequeños pasos al comienzo.*

WILLIAM SHAKESPEARE

"Continuaba subiendo y la montaña se hacía cada vez más empinada". Al decir esto, Lance Armstrong, varias veces ganador de la Vuelta de Francia (*Tour de France*), no sólo se refería a la carrera ciclista más extenuante que hay sobre la Tierra, sino a la forma cómo venció un cáncer testicular muy agresivo con metástasis en el cerebro y en los pulmones. Su coraje y ganas de vivir son un gran ejemplo y esperanza para todos.

Después de ganar en 1996 una importante carrera, no levantó los brazos en señal de triunfo, pues no podía respirar y se sentía agotado. "Soporta —se decía a sí mismo—, no puedes darte el lujo de estar cansado". Los Juegos Olímpicos de Atlanta y la Vuelta de Francia se aproximaban.

"Sabía que algo en mí no estaba bien, pero los atletas, especialmente los ciclistas, tendemos a negar todo. Ignoramos la lluvia, el viento, el frío, los dolores en el cuello, en las piernas, en los pies, en las manos y, por supuesto, en el trasero. Lo único que tienes en mente es alcanzar la meta."

Una fuerte migraña, una incesante tos y un dolor en el testículo, largo tiempo ignorado, lo obligaron a ir con el médico. Después de una serie de análisis, el diagnóstico fue fulminante: cáncer, con sólo 40 por ciento de posibilidades de sobrevivir.

"El pasado forma, nos guste o no", escribe Armstrong en su libro *It's Not About the Bike*. "Cada encuentro y experiencia que tenemos nos afecta, nos da forma, como el viento lo hace con el mezquite en el llano."

"Haz del obstáculo una oportunidad y encuéntrale lo positivo a lo negativo", le decía su mamá, a quien reconoce responsable de gran parte de sus triunfos. Desde niño, su mamá le introyectó en los huesos que para ganar cualquier competencia se necesita apretar los dientes y cruzar la línea aunque sea a pie o arrastrándose. "Si no das tu 110 por ciento, no lograrás hacerlo", solía decirle ella antes de cada competencia juvenil.

"He aprendido lo que en realidad significa la Vuelta de Francia. No se trata de la bici, es una metáfora de la vida. No sólo se trata de la carrera más larga del planeta, sino de la más exaltada, descorazonadora y potencialmente trágica. Tiene cada elemento concebible por el competidor y más: frío, calor, montañas, planos, rutas, llantas ponchadas, vientos a favor, mala suerte, belleza inimaginable y, sobre todo, un profundo cuestionamiento. También en nuestras vidas encaramos estas circunstancias, experimentamos reveses bajo la lluvia, tratamos de mantenernos de pie con un poco de esperanza."

La Vuelta de Francia no es solamente una carrera de bicicletas. Es una prueba física, mental y moral. Cuando Armstrong intentó competir en ella, había aprendido que no se puede ganar una competencia de resistencia solo; se requiere la cooperación y la buena voluntad de un equipo. La fuerza exterior de las piernas y la mejor tecnología no son suficientes, se necesita otro tipo de fuerza, la fuerza interior de la autodisciplina. Esta carrera le enseñó que la diferencia entre un hombre y un joven es la paciencia.

"La enfermedad nos hace ver que somos mejores y más fuertes de lo que pensamos. Tenemos capacidades desconocidas que a veces sólo surgen en las crisis. Por lo tanto, si hay un propósito en el sufrimiento, creo que debe ser éste: hacernos mejores personas."

A un año del diagnóstico, en octubre de 1997, Lance estaba arriba de la bicicleta otra vez. El año 1998 y el inicio de 1999 fueron un total fracaso. Después de una larga depresión decidió entrenarse para la Vuelta de Francia. Con un cuerpo más delgado y un espíritu fortalecido, ganó la carrera de 1999 y ha repetido la hazaña en diversas ocasiones consecutivas. Estarás de acuerdo conmigo que la actitud de Lance hacia la vida es un ejemplo de triunfo, transformación y trascendencia.

PODEMOS OBTENER LO QUE DESEAMOS

Cómo nos atraen, inspiran y contagian estas historias, ejemplo de los más grandes logros humanos. La razón es que hallamos en ellas un poco de nosotros mismos; esa parte profunda que nos dice que hay algo más, algo mejor que podemos lograr. Se trate de obtener reconocimiento, de hacer un bien o de ser alguien, el deseo de alcanzar la excelencia es universal. El misterio es por qué algunos, como Armstrong, con todo en contra, logran

21

aquello que se proponen, mientras otros se quedan cortos en la realización de los sueños.

Los seres humanos tenemos el instinto de alcanzar metas. Quizás tales metas no lleguen a cambiar la historia o las condiciones de un país; puede tratarse de metas que se reduzcan a nuestro entorno familiar, a cierto deporte o interés en particular. Lo que es un hecho es que en la vida todos tenemos propósitos que nos motivan, aunque no siempre podamos expresarlos en palabras y a veces nos cueste trabajo reconocer que existen.

Cuando vemos a personas que han triunfado en su vida, reconocemos en ellas actitudes que se repiten una y otra vez.

Hace poco tuve la oportunidad de entrevistar a uno de los empresarios más exitosos de nuestro país, Lorenzo Servitje, fundador, presidente y director de Bimbo, empresa que cuenta con veinte mil camionetas repartidoras de sus productos en varios países. Al preguntarle cómo se forja un hombre de éxito me dijo: "No hay nada que se logre sin una gran pasión, pasión por el trabajo, por prepararse, por servir a los demás. La persona debe trabajar mucho, gastar poco y arriesgarse. Aunado a esto debe haber un fuerte sistema de valores, ya que las empresas valen lo mismo que sus colaboradores. La empresa debe tener alma y esa alma se le debe contagiar a la gente para que se la apropie. Podría resumir mi filosofía con cierta frase de un autor francés cuyo nombre de momento se me escapa: 'piensa como hombre de pensamiento'."

Descubrimos también que las personas exitosas, como don Lorenzo, tienen muy claro su objetivo, parecen ser muy ordenadas en su pensamiento y en el

uso que hacen de su fortaleza interna y externa. Esto lo podríamos aplicar a deportistas, hombres y mujeres de negocios, padres de familia, artistas, músicos y más. Todos parecen tener una energía, una fuerza no sólo física, sino una energía interna que los mantiene caminando hacia su meta y sus sueños contra toda dificultad, cuando otras personas se dan por vencidas. Asimismo, tienen una gran habilidad para comunicarse de cualquier manera y en el nivel en que sea necesario.

Cuando observamos a estas personas de éxito, aprendemos de ellas y tratamos de imitarlas, descubrimos que la excelencia está al alcance de todos.

LOS CUATRO PASOS NECESARIOS

Hay cuatro pasos esenciales para obtener aquello que deseamos. Pasos sencillos, pero sustanciosos. Son la base de todos los logros humanos que nos propone la programación neurolingüística (PNL), disciplina que se preocupa por dilucidar cómo y por qué las personas logran alcanzar las más altas metas en los distintos campos y cómo pueden copiarse su pensamiento exitoso y sus patrones de conducta. La PNL, estudia qué pasa cuando pensamos y el efecto de nuestro pensamiento en la conducta y en la conducta de otros. Nos enseña cómo pensar mejor y, por tanto, cómo obtener mejores resultados.

Si nos comprometemos con lograr nuestros deseos, estos pasos serán suficientes para hacer cambios significativos. Los comparto contigo:

1. Decide qué deseas

Cualquier persona exitosa tiene muy claro aquello que desea, lo que pretende obtener, qué quiere ser o lograr. Ésta es la característica de los triunfadores. En un estudio realizado en la universidad de Yale en 1953, se le preguntó a los estudiantes si tenían metas específicas y planes para alcanzarlas. Sólo el tres por ciento tenía sus metas por escrito. Veinte años después, los investigadores entrevistaron a los sobrevivientes de la clase de 1953. Descubrieron que, en términos financieros, el tres por ciento estaba mucho mejor que el 97 por ciento restante. Aunque este tipo de mediciones no revela la historia completa (no sólo lo económico es señal de éxito), otras evaluaciones subjetivas, como el nivel de felicidad y la satisfacción que los graduados experimentaban, revelaron que los logros más altos correspondían también a ese tres por ciento.

Cuando no se es una persona particularmente ambiciosa o habituada a guiarse por metas, quizá resulte poco natural plantearse los objetivos de una manera específica, pero por algo se empieza. Haz una lista de todo aquello que quieres o deseas, tus metas, objetivos, etcétera. Exprésalos en forma positiva. Por ejemplo: "quiero ser el director de la empresa", en vez de decir "no me quiero quedar en este puesto siempre". Así, el cerebro registrará el deseo y el inconsciente empezará a trabajar.

2. Actúa

Haz todo aquello que pueda conducirte a tu meta. Esto parece obvio, pero es la diferencia principal entre quienes sí alcanzan su meta y quienes nada más hablan y sueñan con ella. A veces dejamos pasar el tiempo con la esperanza de que las cosas se logren solas, y por supuesto nada sucede. Quizá no siempre funcione lo que hagamos, pero no lo sabremos a menos que lo pongamos en práctica.

Toma las riendas de tu vida. Empieza por hacer realidad tus pensamientos. Pregúntate lo siguiente: "¿Qué tengo que hacer ahora para asegurar que mi meta se logre?"

Da el primer paso, el más importante —inscríbete en ese curso, haz la llamada, compra el libro—, que te pondrá en la ruta de tus sueños, y comprométete a cumplir cada una de las metas que te impongas.

3. No hay fracasos, sólo información

Observa con atención aquello que sucede como resultado de tus acciones: ¿Qué te acerca a tu meta y qué te aleja de ella? Si algo no funciona tal como lo planeamos, por lo general lo tomamos como un fracaso. Sin embargo, bien visto, lo que sucede no es ni bueno ni malo, es simplemente información. Si al aprender a manejar forzamos la palanca de velocidades o no metemos a tiempo el clutch, no quiere decir que seamos un fracaso como conductores, simplemente aprendemos que hay una forma correcta para hacer las cosas, una forma que sí funciona. Usamos la información o retroalimentación para mejorar.

Cuando eliminamos el concepto de fracaso de nuestra mente, abrimos un camino inmenso de posibilidades.

Comparto contigo la asombrosa historia de Abraham Lincoln.

- Fracasó en los negocios a los 31 años.
- Perdió en la carrera legislativa a los 32.
- Volvió a fracasar en los negocios a los 34.
- Murió su novia a los 35.
- Sufrió una depresión profunda a los 36.
- Perdió una elección a los 38.
- Perdió una competencia para el Congreso a los 43.
- Perdió otra competencia para el Congreso a los 46.
- Perdió otra competencia para el Congreso a los 48.
- Perdió otra competencia para el senado a los 55.
- Perdió la candidatura a la vicepresidencia de Estados Unidos a los 56.
- Perdió otra carrera para el senado a los 58.
- ¡Fue elegido presidente a la edad de 60 años!

La actitud que Lincoln asumió frente al fracaso, es lo que le hizo llegar a donde llegó. Todas las experiencias —buenas y malas— las aprovechó como aprendizaje. Así que hay que decidirse a no temerle al fracaso y estar dispuestos a tratar, aunque el éxito no esté ciento por ciento garantizado. La única garantía es que, si no hacemos nada, nunca obtendremos nada. Quienes logran el éxito, siempre están dispuestos a fracasar. Así que no temas tomar malas decisiones.

4. Permanece abierto el cambio

El cambio… ¡cómo cuesta trabajo! Sin embargo, es un aspecto necesario de la vida. Es muy probable que ahora mismo, o muy pronto, enfrentemos en lo personal, laboral, familiar o social, uno o varios cambios. Cuando sucede, tendemos a sentirnos solos en un torbellino de emociones que se asemeja a lo que experimentamos cuando nos revuelca una ola. Darwin decía que: "la especie que sobrevive no es la más fuerte ni la más inteligente, sino la que responde mejor al cambio". Pero, ¿cómo debemos afrontarlo? ¿Qué tan preparados estamos para él? ¿Cómo podemos apoyar a otros en estos procesos?

Los éxitos y los logros —el bienestar emocional, mental, físico y espiritual— dependen de lo bien que nos adaptemos a los cambios. La lagartija, ese pequeño reptil que por lo general ignoramos, bien podría ser nuestro modelo. Cuando crece, cambia de piel para evitar quedar atrapada en un cuerpo pequeño y morir. Cuánto bien nos haría aplicar esto a nuestras ideas, pensamientos, madurez y relaciones.

De acuerdo con algunos estudios, las personas reaccionamos, respondemos y nos ajustamos al cambio en una secuencia de seis fases predecibles. Te invito a que pienses en algún cambio que estés experimentando ahora mismo en tu vida y a que identifiques en qué etapa de adaptación te encuentras.

- *Pérdida*. En esta etapa sentimos un hueco en el estómago causado por la sensación de que lo que fue, ya no será. Todavía no sabemos si el cambio será para bien o para mal. Simplemente nos sentimos impotentes, amenazados, paralizados, con gran incertidumbre. Sentimos miedo hacia lo desconocido. Tendemos a decir frases como: "¿qué he hecho para merecer esto?", "¿por qué yo?", "no es justo", "¿por qué a mí?"

- *Duda*. En esta etapa estamos resentidos, dudamos de los hechos y de nuestros pensamientos y luchamos por encontrar información que valide el cambio. Nos volvemos agresivos, nos resistimos a él, acusamos a otros, nos enojamos. Tendemos a decir: "esto no tiene sentido", "yo no fui, fueron ellos", "me rehúso a que manejen mi vida".

- *Incomodidad*. Reconocemos esta etapa porque sentimos ansiedad, confusión. Nos mantenemos improductivos mientras esperamos que el cerebro organice, categorice y encuentre las palabras que definan el cambio. Vivimos preocupados, irritables, lentos, desorganizados; le damos vueltas a las cosas, nos aislamos. Tendemos a decir: "cualquier cosa es mejor que esto", "no me importa", "no tiene caso", "estoy agotado", "me rindo".

- *La zona de peligro*. Hay una urgencia enorme de darse por vencido. Representa el lugar clave en el que elegimos pasar a la etapa de riesgo y descubrir las oportunidades que el cambio nos ofrece, o paralizarnos por el miedo y regresar a la etapa de pérdida. Las frases comunes son: "tanto esfuerzo para esto", "no sirvo para nada", "ya lo sabía".

- *El descubrimiento*. Esta fase representa la luz en el fondo el túnel. ¡Por fin podemos ver las opciones y las posibilidades que se nos presentan! Estamos optimistas porque el resultado será favorable. Nos sentimos creativos, energéticos, complacientes. Las frases en esta etapa son: "puede que no sea tan malo aunque tenga riesgos", "estoy emocionado", "tiene sentido", "a lo mejor valió la pena".

- *Comprensión*. Aquí nos mostramos confiados en el cambio y nos involucramos en él. Nos volvemos productivos. Enfocamos los beneficios y estamos abiertos a sugerencias. Somos cooperadores, prácticos y justos. Las frases son: "me siento muy bien", "ahora me doy cuenta de que el cambio era necesario", "sé lo que tengo qué hacer", "creo que valió la pena", "tenía razón".

- *Integración*. Cuando llegamos a esta etapa ya no vemos el cambio como algo diferente, porque hemos integrado los retos y las victorias a nuestra vida. Aquí tomamos el cambio como parte de la madurez y el crecimiento personal, nos ofrecemos a ayudar y asesorar a los demás, somos generosos, estamos abiertos a lo que el futuro nos depare. Nos encontramos diciendo: "he crecido mucho con esta experiencia", "estoy contento de cómo esto impactó mi vida", "he aprendido mucho", "me siento en paz".

Unos con mayor rapidez, otros con lentitud, todos atravesamos estas etapas. Lo cierto es que, como dice el proverbio árabe: "si necesitas una mano que te ayude, encontrarás una al final de tu propio brazo".

Estos pasos parecen tan simples y evidentes que podríamos ignorarlos pensando que debe haber algo más complejo y demandante. Sin embargo, si observamos a quienes han hecho algo valioso con su vida, comprobamos que todos se han atenido a este patrón de conducta. Una vez que lo hagamos nuestro, veremos que el esfuerzo valió la pena y que el viaje es tan placentero como llegar al destino.

LAS CATORCE JUGADAS MAESTRAS

A lo largo de mi vida he tenido la fortuna y la oportunidad de conocer a muchas personas que, de una u otra manera, han alcanzado el éxito en sus vidas. Siempre llamó mi atención descubrir cómo lo lograron, cuáles eran sus secretos. Con el tiempo, he podido comprobar que algunas han triunfado básicamente por su sensibilidad y capacidad para comunicarse, otras por su gran tenacidad para trabajar y una que otra bendecida por un talento especial. Sin embargo, he encontrado que entre todas ellas hay rasgos comunes que me gustaría compartir en este libro.

En general, es gente que ha aprendido a sacar su mejor partido y a armar jugadas excepcionales con las mismas cartas que todos recibimos al nacer. Me doy cuenta que a diferencia del resto, no permiten que sea el azar el que determine su destino, sino que se valen del trabajo inteligente, del desarrollo de sus habilidades y, sobre todo, de la perseverancia.

Sea cual sea la meta que cada uno nos fijemos en la vida, al tratar de alcanzarla y acumular experiencia, podemos descubrir que existen atajos. Mi intención es mostrarte algunas de esas rutas cortas a las que llamaremos "jugadas maestras", conceptos sencillos que pavimentarán el camino y te ayudarán a reconocer la puerta de entrada en los momentos cruciales de tu carrera. Se trata de descubrir cómo podemos aprovechar al máximo cada situación, controlar los imprevistos, correr riesgos y disfrutar el éxito. Un buen competidor, sabemos, aprende y desarrolla más sus destrezas con cada nueva experiencia, con cada reto. Como dice Aldous Huxley: "La experiencia no es lo que le sucede a un hombre. Es lo que el hombre hace con aquello que le sucede".

Para facilitar la lectura, los temas están agrupados en catorce jugadas maestras, que destacan cuál es la acción a seguir y cómo realizarla:

1. Fija una meta… y alcánzala.
2. Relaciónate con éxito.
3. Supera los obstáculos.
4. Trabaja en equipo y vence los juegos territoriales.
5. Aprende los secretos de una buena comunicación.
6. Dilo correctamente por teléfono.
7. Escríbelo correctamente.
8. Viste apropiadamente.
9. Domina tu miedo y habla en público.
10. Aprovecha las juntas.
11. Negocia como experto.
12. Obtén ese empleo.

13. Convierte los viajes de negocios en una gran oportunidad.
14. Trabaja, pero... ¡sin dejar de vivir!

Algunas de estas ideas pueden servirnos para cambiar nuestro ambiente de trabajo de inmediato, otras nos harán reflexionar y mejorar permanentemente.

Estarás de acuerdo conmigo que gran parte de nuestro tiempo lo invertimos en trabajar (dentro o fuera de la oficina) en convencer a alguien de invertir en un proyecto, en iniciar un negocio o prestar un servicio, y todos dependemos en gran medida de nuestra capacidad de comunicación; es decir, de convencer a los demás (clientes, jefes, subordinados, colegas y proveedores) de apoyarnos, y al mismo tiempo ocurre que alguien solicitará nuestra cooperación. Es por eso que en "la segunda jugada", vemos a detalle el tema de cómo relacionarnos mejor en todos los niveles.

Por ejemplo, ¿te ha pasado que te sientes atrapado por un ambiente de trabajo en el que proliferan los rumores y descubres que hay una mano "invisible" que te impide progresar?... ¿Eso puede cambiarse? La respuesta es sí. Se llaman "juegos territoriales" y es sencillo neutralizarlos.

También podemos identificar y hacer a un lado a la "gente tóxica" que va minando la confianza en nosotros mismos, o conseguir que el "radio pasillo" actúe a nuestro favor y mejore el ambiente de la empresa. A eso le llamo superar los obstáculos y trabajar en equipo (jugadas tres y cuatro).

Otro aspecto fundamental en el trabajo es aprender a negociar con el fin de que todas las partes ganen, lo que implica un cambio profundo de mentalidad con beneficios incalculables (jugada once).

Si partimos de los resultados en las investigaciones que demuestran que nueve de cada diez problemas que tenemos con los demás surgen de un mal entendimiento, veremos lo importante que es aplicar los secretos de una buena comunicación (jugada cinco). O tal vez necesites organizar juntas de trabajo realmente eficientes (jugada diez), mejorar tu imagen (jugada ocho), etcétera.

Las diferentes secciones del libro pueden leerse en forma independiente, e incluso por temas, como cualquier obra de consulta, pero te recomiendo que, con el tiempo, pongas en práctica todas las "jugadas", y des prioridad a aquellas que exija aplicar una situación particular. Porque verás que si pones en práctica una sola jugada, como un copo de nieve, no habrá mayor diferencia, pero te aseguro que si poco a poco utilizas todas ellas, comprobarás que tienen la misma fuerza que la nieve en una avalancha.

Con este libro concluyo la trilogía El arte de convivir. Mi deseo es que encuentres en estas páginas consejos y técnicas que te permitan mejorar tu carrera, ambiente de trabajo, así como tu calidad de vida. Sólo no perdamos de vista aquello que escribió J. W. Goethe: "Cuando he estado trabajando todo el día, un precioso atardecer me sale al encuentro".

Relaciónate con éxito

En la medida en que ayudamos a crecer a los demás, crecemos nosotros.

HARVEY FIRESTONE

TIENDE HILOS DE PLATA

Los términos "cortesía" y "cortés" nos suenan anticuados. Recuerdan tiempos pasados y ya no los utilizamos. Sin embargo, siguen vigentes los conceptos que representan. Atención, respeto y afecto. Tres ideas que sin duda nos hacen la vida más amable y de las que derivan muchas cosas positivas.

¡Estarás de acuerdo conmigo en lo bien que uno se siente en esas ocasiones en que posponemos nuestros intereses para hacer algo por los demás!, especialmente cuando convivimos con ellos la mayor parte del día. Así se trate de un pequeño detalle, una atención, un favor o una palabra amable. De inmediato percibimos la intención, lo agradecemos y esto nos invita a corresponder. Mi abuela me decía que el secreto para llevarse bien con todos era mirar la "m" de "modo" que tenemos dibujada en las líneas de la mano. Es un buen truco para recordar que con inteligencia y sensibilidad las cosas funcionan mejor.

Dice Florence Shinn que: "El juego de la vida es como los *boomerangs*. Nuestros pensamientos, actitudes y palabras tarde o temprano regresan con asombrosa precisión". Y en la vida creo que a todos nos ha tocado comprobarlo y donde menos lo esperábamos. Así que recordemos tender hilos de plata siempre.

SER ÍNTEGRO

Según el diccionario: entero completo, cabal, honrado, recto, incorruptible, justo.

Cuando una persona es íntegra se refleja en todos sus actos, por insignificantes que sean. En la vida profesional ser íntegro significa llegar a tiempo, cumplir los compromisos, ser honestos, hablar bien de los demás, ayudar a crecer a compañeros y subordinados, ser alegres y propositivos. La integridad es una virtud que resulta de la disciplina, la confianza interior y el valor de ser fieles a nuestras creencias. Sin duda, la integridad es la cualidad más importante de un líder, en tanto que es leal a lo que piensa y a lo que siente y respeta, así como a lo que piensan y sienten los demás. Sencillamente, la integridad es el pegamento que mantiene unidos nuestros valores.

Cuando una persona demuestra su integridad en los pequeños detalles cotidianos, su honorabilidad aumenta y se gana la confianza y el cariño de quienes la rodean, lo que le facilita crecer en todos los aspectos.

LAS RELACIONES EN LA EMPRESA

Como en este capítulo hablamos de las relaciones, comparto contigo seis principios básicos para que tus relaciones en el trabajo te ayuden a progresar.

1. *Sé puntual*. Es una señal de que eres una persona responsable. Llegar a tiempo influye positivamente en las operaciones de la compañía. Además, la puntualidad se aplica también a los informes y cualquier otra tarea que te pidan. A veces las cosas toman más tiempo de lo que uno cree y todos los contratiempos que pueden ocurrir, suceden especialmente cuando tenemos un límite de tiempo. Así que a la hora de acordar la entrega de un trabajo, calcula un tiempo extra por cualquier imprevisto.

2. *Sé discreto*. Ser discreto y guardarse las confidencias de la empresa, los negocios y tus compañeros siempre te harán ser una persona honorable. Si algún compañero te confía algún problema personal con la esposa o un hijo adolescente, ponte en su lugar y resiste la tentación de divulgarlo.

3. *Sé positivo y agradable*. Siempre será un placer tenerte cerca. Si te toca trabajar con clientes, compradores, jefes o colegas muy exigentes o malhumorados, trata de responder en forma optimista y amable. Créeme que estas personas, una vez que se les pase el mal humor, lo valorarán mucho. Asimismo, sé siempre cortés con quienes tienen puestos inferiores al tuyo.

4. *Haz sentir importante al otro*. Recuerda que ser aceptado por los demás es el deseo básico del ser humano. Como decía Mary Kay, la famosa creadora de la línea de cosméticos que lleva su nombre: "imagina que cada persona con la que te encuentras porta un letrero que dice 'hazme sentir importante' y te la ganarás siempre".

5. *Preséntate bien vestido.* Una persona que cuida su arreglo y viste en forma apropiada refleja el respeto que tiene por los demás y el que se tiene a sí misma. Además, es una manera de reflejar valores, estilo de vida, inteligencia y profesionalismo. Así que toma en serio tu ropa de trabajo.

6. *Exprésate bien al hablar y escribir.* Una persona que habla y escribe bien refleja su educación y formación. Aunque las malas palabras en ocasiones son graciosas, evita que invadan tu vocabulario, pues en nada ayudan a tu crecimiento profesional.

Asimismo, cuando escribas una carta, nota o correo electrónico cuida tu ortografía. Si tienes dudas, consulta siempre antes de enviar algo que lleve tu firma. Se trata de tu imagen.

DEPENDE DE NOSOTROS

> *No duermas cuando otros hablen ni*
> *te sientes cuando otros estén de pie;*
> *no hables cuando debas guardar silencio, no*
> *andes cuando otros se detienen.*

> GEORGE WASHINGTON

La sensibilidad es algo que vamos cultivando con la práctica en lo cotidiano. Abrirnos a diferentes formas de ver el mundo nos hace personas mejores y más completas.

Piensa, ¿cuántas horas pasamos en el trabajo? ¡Cuándo menos 160 al mes! Mucho más de lo que estamos con la familia y con los amigos. En esas 160 horas tratamos con jefes, clientes, compañeros y subordinados. ¿Cómo hacerles y hacernos la vida más agradable? Con actitudes muy simples que todos agradecemos. ¿Qué tan buen compañero de trabajo eres?

Test

Para revisar tu sensibilidad, contesta sí o no a las siguientes preguntas:

1. ¿Alabas el buen trabajo de un compañero?
2. ¿Eres tolerante con los errores ajenos?
3. ¿Aceptas fácilmente las opiniones de las personas con las que convives, aunque no coincidan con las tuyas?
4. ¿Por lo general, estás de buen humor?
5. Ante un conflicto, ¿consideras que tus compañeros te elegirían para resolverlo por tu serenidad, comprensión y tolerancia?
6. ¿Sueles saludar a todos los que conoces de manera amable por las mañanas o cuando los encuentras en el elevador?
7. Cuando vas a servirte una taza de café, ¿ofreces una taza a alguien?
8. Cuando compartes lugares como la cocineta, los baños o la cafetería, ¿los dejas limpios, como señal de respeto a tus compañeros?
9. Si trabajas en cubículos, ¿cuidas el volumen de voz, la música y llamas a la gente por el intercomunicador en lugar de gritar?

10. ¿Sueles captar con facilidad cuándo es un momento prudente para platicar y cuándo no?
11. Te organizas para tener el material necesario y procuras no pedir cosas como: lápices, papel, engrapadora, etcétera?
12. ¿Siempre hablas bien de los demás, y permaneces callado cuando escuchas que se critica a alguien?
13. ¿Si fumas, lo haces en un espacio abierto para no molestar a tus compañeros?
14. Cuando ocasionalmente pides un préstamo a un compañero, ¿pagas la deuda lo más rápido posible?
15. ¿Te acuerdas de felicitar a tus colaboradores el día de su santo o cumpleaños?
16. ¿Cuándo sales a comer fuera con los compañeros, a la hora de la cuenta, siempre ofreces pagar tu parte?
17. ¿Respetas la privacidad de tus compañeros y evitas escuchar conversaciones, o leer faxes y correos electrónicos de otros?
18. Si ves que un compañero está ocupado, ¿te ofreces a contestar su teléfono, atender a su cliente o ayudarlo a hacer su reporte?
19. ¿Eres agradecido?
20. ¿Eres tolerante con los errores ajenos?

Si contestaste sí a las veinte preguntas, te felicito, debe ser una delicia estar contigo. Entre diez y quince, es agradable tu compañía, y menos de diez, nunca es tarde para rectificar.

EL TRATO: ¿DE USTED O DE TÚ?

El uso de usted ya no parece tan definido como antes. Ahora las líneas que marcan los distintos tratos están desdibujadas. Por ejemplo, antes era claro que a una persona mayor le hablábamos de usted. Ahora, con la ilusión de acercarse al mundo de los jóvenes, a algunos adultos les molesta que les recuerden su edad con el "usted", así que se necesita tener una sensibilidad especial para acertar.

El trato de tú es espontáneo y natural. Hablarse de "usted" es cada vez menos frecuente, salvo en ciertas zonas del país en que es lo común aunque exista la confianza.

- Si al conocer a una persona dudamos en hablarle de tú o de usted porque es de mayor edad o jerarquía, sugiero empezar con "usted" y esperar a que de ella salga la invitación a romper el hielo.
- Para el jefe es más respetuoso hablar de usted al personal.
- En viajes de negocios, nos toca adaptarnos a lo que se estile en cada lugar.

En general, podemos decir que el "usted" es muy respetuoso, marca distancias, es impersonal y frío. Sin embargo, si al tratar a los demás, sean hombres o mujeres, mayores o jóvenes, ricos o pobres, lo hacemos con respeto por el sólo hecho de que se trata de personas, aunque les hablemos de tú estaremos fomentando buenas relaciones siempre.

RELACIONES ENTRE HOMBRES Y MUJERES EN EL TRABAJO

La comprensión es la fuerza más poderosa del universo.

CHARLES DOLE

Cada día, los hombres y mujeres convivimos más en el trabajo. Sin embargo, todavía surgen dudas sobre qué es lo correcto hacer en determinadas circunstancias. Como ahora a las mujeres casi se nos trata como iguales en el mundo de los negocios, y cada vez más se nos juzga y asciende por nuestras capacidades antes que por el hecho de ser mujeres, algunos de los gestos gentiles que antes se usaban con nosotras, han desaparecido en el ambiente empresarial. En realidad, hoy las reglas de cortesía nada tienen que ver con el género, puesto que también las mujeres seguramente le abriremos la puerta a un hombre si lo vemos cargado de paquetes. Por lo que comparto contigo algunas sugerencias, que hacen de cualquiera, seas hombre o mujer, una persona educada:

• Se adelanta rápidamente a abrir la puerta para cualquiera que pase cerca con las manos ocupadas. Si varios tienen las manos desocupadas, abre la puerta el primero que la alcance.
• El que esté más cerca de la puerta del elevador entra o sale primero.
• Hombres o mujeres se levantan para saludar a un cliente, invitado o superior, sea hombre o mujer.

- Hombre o mujer levantan lo que se le ha caído a alguien que no pueda recogerlo tan fácilmente como él o ella.
- Paga la cuenta quien invita a una comida y lo hace en forma discreta.
- Hombre o mujer ayudan al colega que trata de ponerse o quitarse el saco.
- Uno u otra lavan las tazas y platos después de usarlos.
- Las mujeres, no esperemos siempre que nos abran la puerta del coche o nos acerquen la silla. Sin embargo, permíteme contarte que cuando un compañero de trabajo tiene un gesto de caballerosidad, todas las mujeres (aun las más feministas) lo agradecemos.

CUANDO UN HOMBRE TRABAJA PARA UNA MUJER

Algunos hombres todavía se sienten un poco desorientados cuando les toca trabajar para una jefa.

Algunas sugerencias

- Permite que tu jefa indique si la relación será formal o informal, aunque ella sea más joven que tú.
- Trátala con respeto idéntico al que concederías a un jefe del género masculino y te aseguro que nunca tendrás problemas.
- Evita los ofrecimientos de ayuda que tengan connotaciones de género del tipo "como eres mujer, necesitarás la ayuda de un hombre; cuenta conmigo". Es poco atinado.

- Si ella es muy amable contigo, no lo interpretes como una insinuación romántica.

SOY JEFE JOVEN, ¿QUÉ HAGO?

Recibo un correo electrónico:

Gaby, me llamo Eduardo Sánchez. Te escribo para pedir tu consejo. Tengo un año de haber entrado en la empresa para la que laboro. Estoy muy contento porque me acaban de transferir a una nueva sección y me promovieron a un puesto en que debo supervisar a veinte personas, ¡pero la mayoría son mayores que yo! Puedo decirte incluso que hay algunos de la edad de mi papá.

Llevo apenas dos días en el puesto y, como podrás imaginar, muchos de los empleados no están de acuerdo con la situación. No sé qué hacer ni cómo actuar para ganármelos. En la oficina el ambiente se siente muy tenso.

Por mi parte, no puedo desaprovechar la gran oportunidad que la compañía me ofrece y tengo que demostrar que puedo con el nuevo reto.

Espero tu consejo.

Eduardo

Es común encontrarnos con situaciones como la del recuadro y la cosa se complica cuando se trata de una mujer joven.

A continuación comparto mi respuesta.

Eduardo:

Primero, te felicito por la promoción. Por otro lado, creo que podrían funcionarte dos cosas: 1) Sé amable y accesible con tus colaboradores. 2) Ejerce tu autoridad desde el principio, pero ten presente la frase que leí en una oficina de Aeroméxico: "La confianza no se compra, no se vende, no se presta, no se regala… se gana".

También te sugiero que llames a los empleados a una junta para presentarte y que ellos se presenten. En seguida te doy algunas sugerencias para la reunión:

- Antes de organizarla, haz tu tarea. Lee la descripción del puesto de cada una de las personas y de ser posible su currículum. Esto te servirá para conocerlos y saber qué puedes esperar de cada uno.
- Antes de la reunión, salúdalos de mano y repite su nombre, como si estuvieras aprendiéndolo de memoria. Asegúrate de que en el lugar haya café, galletas y refrescos. Esto favorecerá la calidez de la junta, además de darle un tono de celebración.
- Comienza por decirles que estás impresionado por lo competentes que son. Después, menciona lo contento que estás ante el nuevo reto y transmíteles la confianza que sientes de trabajar con tan buen equipo. (Procura ser honesto y verte relajado.)

- Una vez que hables de ellos, platícales de tu experiencia, tu carrera y el esfuerzo que realizaste hasta obtener esta promoción. Es importante que lo digas sin sonar presuntuoso. Si lo haces de forma directa, clara y sencilla, causarás una buena impresión.

- También es bueno que solicites su colaboración para que juntos puedan superar los retos del departamento.

- Recuerda que buscarán en ti a alguien capaz de crear y motivar, de solucionar problemas con razonamientos lógicos. Sin que importe la edad que tengas, ellos esperan que seas una persona madura y estable, tanto en tu vida como en lo profesional. También esperan verte como alguien dinámico, con actitud positiva, espíritu abierto a la crítica y un gran deseo de ayudarlos a crecer.

- En otras palabras, tu tarea es persuadirlos de que confíen en ti como digno dirigente de su esfuerzo cotidiano.

- Al principio te costará trabajo, porque en ocasiones los seres humanos nos resistimos a los cambios. Esfuérzate para que tu ejemplo y tu trabajo sean lo que los conquiste.

- Por último, comparto contigo este pensamiento: "Recuerda que, para triunfar, uno tiene que creer que se merece el triunfo". Uno debe tener una imagen positiva de sí mismo, tan tangible como para alargar la mano y tocarla. ¡Mucha suerte!

EL SALUDO EN EL TRABAJO

> *Sé amable. Recuerda que cada persona que conoces pelea una dura batalla.*
>
> T. H. THOMSON

"Buenos días" "¡Qué tal!" "¿Cómo está usted?" "Que tenga un buen día", son frases que nos toma un instante decir. Sin embargo, con ellas podemos cambiarle el día a alguien. Algo tan sencillo nos hace sentir importantes y reconocidos, y esto nos motiva a trabajar mejor. ¿Te parece exagerado? Imagina que al llegar a tu oficina nadie te saluda, ni dirije una mirada o una sonrisa.

Los seres humanos vivimos deseosos de sentirnos aceptados. Y, como dice George Elliot: "¿Para qué vivimos si no es para hacerle la vida mejor a los demás?"

Si al saludar lo hacemos con una sonrisa, es como perfumar a todas las personas a nuestro alrededor. Hay quienes, quizá para parecer interesantes o importantes, adoptan gestos serios, sin saber que al menor descuido su comportamiento puede resultar ridículo.

La sonrisa facilita el tono positivo y optimista en las relaciones humanas. Ante una sonrisa el horizonte más negro puede dejar de serlo. Sonreír es amar: de ahí su grandeza.

ELOCUENCIA DEL SALUDO

Luis envió su currículo para el empleo que tanto deseaba. Tranquilo y seguro de sí mismo, creía haber conseguido el puesto valiéndose de llamadas telefónicas. En el momento que saludó de mano al director de la empresa, los sueños de Luis se esfumaron. En esos breves segundos de contacto la oportunidad se fue.

"Era como tener en la mano un pescado muerto", recordaba con desagrado al director. "Es la mano más repulsiva que he tomado. Débil, húmeda, floja y sin personalidad. Y se supone que este hombre solicitaba empleo en un departamento en que saludaría de mano a muchos clientes al día. ¡La pérdida de ventas nos hubiera costado una fortuna!"

Esa historia es más común de lo que pensamos. Todos hemos experimentado el saludo de una mano de "pescado". También, literalmente, hemos padecido el saludo de un "triturador", que nos deja varios segundos ahogando un gemido. Entre tales extremos, en el saludo hay un abanico de mensajes tan sutiles y complejos como poderosos.

El saludo de mano muestra una serie de sentimientos y pensamientos que habitan en el sótano de nuestro consciente. El filósofo Emmanuel Kant decía que: "la mano es la parte visible del cerebro".

El lenguaje de la mano se expresa mediante la higiene, la textura, la temperatura, la humedad, el tono muscular, la duración del saludo y el estilo.

Aunque es muy utilizado en las sociedades occidentales, el saludo de mano no es universal. Muchos árabes se besan uno al otro las barbas. Los esquimales tallan sus narices, ciertos orientales hacen una ligera reverencia con las manos juntas para saludar a la parte de divinidad que hay en el otro.

En la época de los romanos el saludo de mano sellaba una promesa de honor. Durante la Edad Media era una forma de mostrar que no se portaban armas. En el siglo XVIII, se usó entre los comerciantes para dar por cerrado un trato, significado que se conserva entre los hombres de negocios. Con el tiempo se incorporó como un gesto necesario de cortesía social.

Un buen saludo de mano es firme, seco y de presión moderada. Dura un promedio de cinco segundos, mientras la persona sonríe y mantiene contacto visual con el cuerpo ligeramente inclinado hacia delante. Un saludo así transmite confianza y una sana autoestima.

Hay varios estilos de saludo que envían mensajes muy diferentes. Aquí algunos:

- *El dominante*. Se ofrece con la palma de la mano hacia abajo y transmite un "yo mando aquí". Los estudios muestran que la mayoría de las personas en altos puestos tienden a usarlo. Cuando se saludan dos de ellos igualmente lucha para marcar la supremacía. En general el resultado es un contacto enérgico y vertical de las palmas.
- *El cooperativo*. Se usa cuando se quiere mostrar igualdad total. La presión de la mano de uno iguala la del otro. Sin embargo, si uno aumenta la presión ligeramente o sostiene unos segundos más la mano del otro, sutilmente indica que, si hubiera una discusión o inconformidad, se espera que su opinión prevalezca. Si el otro responde con el mismo apretón, señala que la victoria no será tan fácil. Cuando la persona tolera el aumento de presión sin reaccionar, es probable que esté dispuesta a ceder o a atacar al otro.

- *El dócil.* Esta actitud se muestra al ofrecer la mano con la palma hacia arriba. Cuando un hombre saluda así a una mujer es como decirle "estoy a tus pies". En el trabajo expresa disposición a subordinarse. Algunos profesionales, como cirujanos, concertistas de piano o artistas, la ofrecen de esta manera para protegerse de algún posible daño.

- *El sándwich.* Las dos manos cubren la mano del otro. Este saludo expresa calidez, sinceridad y deseo de acercamiento. Funciona sólo cuando existe ya una relación cálida. Ciertos políticos en campaña lo usan con el fin de ganar votos. Cuando se realiza para manipular un acercamiento, la gente se da cuenta y el efecto es totalmente adverso.

- *El acompañado.* Para aumentar la impresión de calidez y empatía, hay quienes acompañan el saludo colocando la mano izquierda en el antebrazo, en el brazo o en el hombro del otro. Esto debe hacerse con cautela. Mientras más alto se coloca la mano izquierda, más se invade el espacio corporal del otro y el gesto es más íntimo. Sobra decir que hay que usarlo con un muy buen amigo o con un familiar. De no ser así, el efecto puede ser contraproducente.

¿Cómo es tu saludo? Haz una encuesta entre tus amigos. Por lo general es algo que no atendemos, y como podemos ver es muy importante.

¿CUÁNDO DEBEMOS LEVANTARNOS PARA SALUDAR?

Levantarse del asiento indica respeto o un cariño especial al saludar a ciertas personas. Levantarse o no es decisión personal. Sin embargo, en el ámbito profesional es prudente hacerlo cuando:

• Nos van a presentar a alguien de mayor edad o jerarquía.
• Cuando llega un cliente.
• Para dar la bienvenida en nuestra oficina, excepto cuando se trata de los compañeros de todos los días.
• Si se trata de hombres, para ceder el lugar a una colega en señal de respeto.

LAS PRESENTACIONES

La razón de presentar a una persona es hacerla sentir cómoda e importante. Si al presentarla ofrecemos un poco de información sobre ella el encuentro será más fácil. Por ejemplo: "Licenciado Rivero, le presento al arquitecto Fernando Álvarez, que está con nosotros para desarrollar el proyecto de la sala de juntas. Él se ha encargado de diseñar espacios de reunión para estas compañías… Arquitecto, le presento a nuestro director de recursos humanos, el licenciado Eduardo Rivero. Él conoce a fondo las necesidades de nuestra empresa".

Si vamos a presentar a un nuevo empleado, es bueno añadir una frase que explique algo sobre la persona: "Nicolás, quiero presentarle a Beatriz Solano, quien desde hoy trabajará con nosotros en el departamento de contabilidad. Beatriz es contadora y nos ayudará a poner al día el libro de ingresos".

En el momento de presentar a las personas hay que hablar claro y despacio, para que los presentes puedan oír correctamente el nombre del presentado.

En una situación formal de trabajo hay que prepararnos para presentar a las personas por su nombre y apellido, acompañándolos de su título, lo que no es necesario en el ámbito social.

A veces, por distracción, nerviosismo o saturación, olvidamos el nombre de quien estamos presentando. Entonces podemos mencionar el de la persona que conocemos y esperar con los dedos cruzados a que el otro diga su nombre; o bien disculparnos y pedir a la persona que por favor nos repita cómo se llama. Aunque la situación es penosa, más penoso sería no presentarla, pues se sentiría ignorada.

¿A QUIÉN PRESENTAR PRIMERO?

Cuatro normas fáciles de recordar

• El más joven al de mayor edad.
• El ejecutivo de menor jerarquía al de mayor jerarquía.
• Al compañero de trabajo.
• Un hombre, a una mujer.

¿CÓMO ME PRESENTO?

Cuando en una reunión o junta de trabajo nos toca presentarnos, quisiéramos hacerlo tan bien que el estrés nos traiciona.

Mi amigo Diego me cuenta que en la primera reunión de consejo editorial de un periódico, los integrantes tenían que presentarse. Él se hallaba sentado a la derecha del coordinador y era a quien le tocaba iniciar. Sabía que la presentación debería ser breve. Al sentir la presión de las miradas de los asistentes, se trabó, cayó en repeticiones y dijo algo incongruente, cosa que más tarde se recriminó. Lo triste es que Diego es mucho más de lo que proyectó en ese momento. Por eso es importante tener ensayada una presentación personal muy sencilla y decirla con tranquilidad y seguridad cuando nos toque hacerlo. Por ejemplo: "Mi nombre es Pablo López y soy gerente administrativo de Royal Holiday Club, empresa líder en ventas de club vacacional. Estoy a sus órdenes".

Recordemos que la gente nos juzga por la primera impresión que tiene de nosotros.

CITAS EN LA OFICINA

*Las reglas elementales de la cortesía son
muy simples: alabar lo bueno de los otros,
suprimir los reproches, dar importancia a los
demás y prestarles atención.*

ALEXANDER VON KEYSERLING

Javier Quijano está feliz porque al fin le dieron la cita
que tanto esperaba. A las diez de la mañana tendrá veinte
minutos para vender el concepto en que ha trabajado
durante tres meses.

Diez minutos antes está en la sala de espera con
todo listo para hacer la mejor presentación al ingeniero
Duarte. Y espera, espera, espera.

Al ingeniero Duarte se le dificulta organizarse y
controlar su tiempo.

Javier mira el reloj una y otra vez. Los nervios
aumentan. Pierde seguridad.

A las once se pregunta si le conviene volver a agen-
dar la cita.

Pregunta a la secretaria si sabe a qué hora lo recibirá el ingeniero. Ella ya aprendió a decir en automático: "Un momentito". Su jefe siempre actúa así. El
ingeniero Duarte, aparte de ser poco organizado, le ha
comentado que hacer esperar a la gente es una manera
de demostrar que van a ver a alguien importante.

Recibe a Javier a las once quince, más de una hora
tarde, Javier se repone, se mentaliza y hace una entrada
firme, como la había planeado. El ingeniero Duarte, ¡lo
saluda con prisa mientras toma una llamada! Javier ve el

techo, observa las fotos, se fija en las imperfecciones de la pared, relee sus papeles, ya no sabe qué hacer.

El ingeniero Duarte cuelga y solicita ir al grano porque ya es tarde. Javier, presionado, tiene que trabajar al doble. Se siente cansado, minimizado y confuso.

Con una persona profesional, Javier hubiera presentado su concepto de manera distinta. El concepto que llevaba era bueno y valía la pena; sin embargo no lució ni pudo transmitirlo de manera adecuada. ¿Quién perdió? Los dos.

Organizar nuestro tiempo, como podemos apreciar, repercute de manera directa e indirecta en beneficio de los demás y de la empresa.

Algunas sugerencias

- Qué agradable es llegar a una oficina y que nos reciban a tiempo con un "bienvenido" y una sonrisa. Esto crea un ambiente propicio para intercambiar ideas.
- Las personas acostumbradas a pensar en los demás, están conscientes de la puntualidad. Si calculan que se retrasan, nos lo hacen saber, ellos mismos o mediante la secretaria. La consideración es un acto de calidad humana.
- ¿Qué tal que nuestro visitante llegue tarde? ¿Qué hacer? Si es posible, por supuesto, recibirlo. Si ya no hay tiempo, escuchar qué le pasó y proponer nueva fecha.
- Después de veinte minutos la junta concluye y quedan claros los puntos, sólo que el visitante ¡no da señales de partir y tenemos mil cosas pendientes que

hacer! ¿Cómo decírselo de manera educada? Hay algunos trucos: el lenguaje corporal es una forma sutil y efectiva de hacerle notar que la reunión terminó. Por ejemplo:

— Cerrar el fólder o la carpeta.
— Girar la silla hacia la puerta.
— Apuntar los pies hacia la salida.
— Sentarnos en la orilla del sillón.
— Pedir a la secretaria que nos recuerde, frente a esa persona, que tenemos algo inmediato que hacer.
— Mirar el reloj y exclamar: "Perdón, debo volar a una cita con mi jefe". O un cliente, el doctor, o lo que sea.
— Decir un simple "bueno", acompañado de una marcada obvia aspiración, es una señal clara.
— Al término de la cita, agradece su tiempo y trabajo a la persona. Es un detalle cortés levantarse del asiento para despedir al visitante. Así, nos recordará como alguien cercano y cálido. Además, recordemos que la regla número uno de las relaciones humanas es "haz sentir importante al otro".

¿TIENES 30 SEGUNDOS PARA CONVENCER?

Te recibirán en la cita más importante de tu vida. ¿Quieres convencer a alguien de algo? De acuerdo con los expertos, tienes 30 segundos para hacerlo. Sólo 30 segundos para que llegue tu mensaje. Es el mismo tiempo que dura un comercial de radio o televisión. Parece poco, pero esos segundos son más valiosos que 30 minutos o tres horas. Porque ese breve lapso es suficiente para enganchar, persuadir y mantener la atención de quien nos escucha, o bien, para perderla.

Cuántas veces nos encontramos diciendo: "Habló una hora y, ¡no sé que dijo!", "no puedo verlo, me pide cinco minutos y sé que va a ser media hora", "¿qué clase de correo electrónico es éste? ¡No tengo tiempo de leer cinco páginas!" El tiempo es valioso. La hora de hace unos años equivale a los 30 segundos de hoy. Por lo que hay que ser concisos e ir al grano. Actualmente, se considera que éste es el tiempo promedio de atención antes de que la mente de una persona divague con otros estímulos.Es obvio que en la comunicación cotidiana, primero necesitamos establecer empatía con la persona y esto no se logra en tan corto tiempo. Sin embargo, cuando llega el momento crucial de la conversación, el corazón del asunto nos debe tomar únicamente 30 segundos. Lo demás es preparación o seguimiento.

Recuerdo que en un seminario sobre comunicación al que asistí, el profesor nos pidió que le dijéramos cuál era nuestra actividad. Después de que cada uno tardó un rato describiendo sus labores, nos dijo: "Ninguno logró retener mi atención. Lo que dicen suena aburrido y poco comprensible. Si se tratara de una venta, ya la hubieran perdido; si fuera un anuncio de radio, la gente habría cambiado de estación; en una conversación, el otro habría bostezado. Nos quedamos helados. Lo que cada uno hacía era muy interesante, sin embargo, ninguno supo transmitirlo. Y esto se aplica a todo. Lo importante es cómo decimos lo que queremos. Cada vez que trates de vender una idea, un proyecto, una noticia o un producto, de antemano analiza estos tres puntos:

1. *El objetivo.* Es lo primero que hay que tener claro. Qué queremos conseguir. Para identificarlo pregúntate. ¿Por qué van a interesarse en lo que voy a decir? ¿Por qué quiero la cita? ¿Por qué…? El objetivo debe ser uno, claro y conciso.

2. *¿A quién me voy a dirigir?* Antes de preparar un mensaje de 30 segundos hay que considerar a la persona o personas con las que vamos a tratar. De nada serviría tener claro el objetivo, si a quien se lo voy a decir no es el indicado. ¿Qué buscas, qué le interesa, qué motiva a la persona, a quién me dirijo? Entre más sepamos de la gente, más fácil será persuadirla.

3. *El gancho.* Es una frase específica que llama la atención, es aquello que nos cautiva, nos atrae o nos hipnotiza para comprar un producto, ver un programa o continuar leyendo un libro. A diario nos encontramos ganchos: en el encabezado del periódico, en la tele, en la radio. Es esa expresión que nos invita a escuchar las noticias, es la portada de la revista que nos persuade de comprarla, son los anuncios espectaculares que captan nuestra atención.

   Para encontrarlo pregúntate: ¿qué es lo más interesante de lo que voy a decir?, ¿cuál es la parte más dramática?, ¿qué es lo más raro o atractivo? Una vez que conozcas cada respuesta formula una frase corta y ejecutiva.

   Hay que ver si el gancho funciona mejor como pregunta o como afirmación. Por ejemplo, si quieres despertar la conciencia para cuidar animales o árboles, el gancho puede ser: "La extinción es para siempre".

Cinco palabras que tienen objetivo, gancho y mensaje. Un gancho puede ser humorístico, visual, una anécdota o lema.

Cuando llegue el momento de exponer el asunto

1. *El acercamiento.* De poco sirve tener claro qué quiero si no sé decirlo adecuadamente. Por ejemplo, el empleado que desea conseguir un aumento. Un mal acercamiento sería: "Es que necesito ganar más". Un buen acercamiento se da al decir: "He demostrado mi eficiencia en el trabajo". Esta forma toma en cuenta los intereses del que escucha y hace pensar que el aumento de sueldo es una remuneración justa. Saber qué queremos, quién puede darlo y cómo obtenerlo son los tres principios básicos del mensaje de 30 segundos.

2. *Desarrollo del tema.* ¿Por qué le va a interesar a quien me escucha? Qué, dónde, cuándo, son aspectos que sólo pueden ser aclarados por quien conoce a fondo su tema, y deben expresarse tan concisa y fuertemente como sea posible (además de mencionar los beneficios que se logran). Sólo quien conoce a fondo su tema, puede expresarlo en forma clara y sencilla. Un secreto de los grandes comunicadores es dejar a la gente con ganas de seguir escuchando.

3. *El cierre.* La conclusión. La invitación. Al final de cada mensaje de 30 segundos, hay que pedir lo que queremos concretamente. Un mensaje sin conclusión es como desperdiciar la oportunidad. Si no pedimos algo específico, no lo obtendremos. Por

ejemplo: "Llame ahora", "Aproveche la venta especial", "Quédese con nosotros", "Confía en mí, dame el proyecto".

Quizá 30 segundos puedan parecer poco tiempo. Sin embargo, son suficientes para atraer y mantener la atención de quien nos escucha. En resumen: ¿quieres convencer a alguien de algo? Pregúntate: ¿qué quiero?, ¿quién puede dármelo?, ¿qué gancho voy a utilizar?, ¿por qué le va a interesar?, ¿qué, dónde y cuándo sucede?, ¿cuál será mi invitación a actuar? Todo esto en 30 segundos. Para aumentar las probabilidades de lograrlo, haz el análisis previo y luego exponlo en 30 segundos.

TELETRABAJO

> *Es verdaderamente libre aquel que desea solamente lo que es capaz de realizar y hace lo que le gusta.*
>
> JEAN-JACQUES ROUSSEAU

Estarás de acuerdo conmigo en que cada día es más cierta la frase: "No hay nada más constante que el cambio". Bueno, pues el teletrabajo, será uno de tantos cambios que en el futuro te incorporará a nuestras vidas.

¿Qué significa teletrabajo? Es un término que todavía no figura en el diccionario, pero las palabras que componen este nuevo término son tele: prefijo que significa a distancia y trabajo: ocupación retribuida. En este concepto se incluye el uso de las telecomunicaciones, desde la comodidad de la casa o desde cualquier parte del mundo.

Gaby Gutiérrez trabaja en la compañía Disney. Es una gran ejecutiva de cuenta, con amplia experiencia. Sus retos son específicos y sus logros se miden por resultados. Gaby, como cada día lo hacen más personas, trabaja tres días a la semana desde su casa y se comunica con sus directores, clientes y colegas a través de las autopistas de información —internet—, y dos días asiste a la oficina.

En esta empresa, gracias a la tecnología, la oficina misma se comparte con otros ejecutivos que van en diferentes horarios.

¡Ingresa a la modernidad! Piensa si eres candidato a tener un teletrabajo, o bien, si podrías incorporarlo a tu empresa.

¿Cuáles son las ventajas?

Para la empresa

- Reduce los costos al necesitar menos oficinas, menos salas de juntas, menos viajes y significa un enorme ahorro de tiempo para todos.
- Ahorros en transporte, agua, luz, teléfono, vigilancia, mobiliario y accesorios.
- Reducciones de costo para aquellas empresas que cuenten con más de un centro de operación. Por ejemplo, la contabilidad y otras operaciones se pueden centralizar a través de las telecomunicaciones.

Para el empleado

- Libertad para trabajar a la hora que deseamos y aprovechar nuestro tiempo para hacer ejercicio, manejar horarios y organizar prioridades. Podemos tomar esa clase de inglés que tanto deseamos, ir a los partidos de futbol de los hijos o bien disfrutar de una larga sobremesa después de comer con los amigos.
- Menos estrés, menos exposición al tráfico y, por lo tanto, menos horas perdidas.

¿Las desventajas?

Para la empresa

- Ninguna, si es que se trata de una tarea que se pueda cuantificar fácilmente con plazos, fechas o metas.

Para el empleado

- La falta de respaldo, en un momento dado, de alguien que nos cubra.
- Imprevistos, como cuando se va la luz y no contamos con una planta eléctrica o cuando nos falta equipo profesional como una fotocopiadora.
- La imposibilidad de comentar físicamente las ideas con los compañeros y compartir la vida social de la empresa de la que inevitablemente nos aislamos y separamos.
- Las interrupciones por teléfono, los niños, la tintorería qué llega o visitas inesperadas que jamás se presentarían en la oficina.

Para que el teletrabajo sea exitoso

- Organizarnos, planear el tiempo y seguir un horario. Bien dice el dicho: "Si quieres un trabajo bien hecho, escoge a un hombre ocupado: quien no lo está, nunca tiene tiempo".
- Ser autodisciplinados. Por ejemplo, hay que arreglarnos aunque nadie nos vea. La actitud, el ánimo y la disposición para trabajar mejoran, incluso la voz suena más segura y más alerta. Si trabajamos en pants o pijama, la energía se evapora, y esto se refleja en la voz, en la productividad y los otros lo perciben.
- Estar dispuestos al aislamiento.
- Tener capacidad para separar la vida familiar y el trabajo.
- Disponer de un espacio privado y tranquilo, que tenga una iluminación adecuada.
- Pedirle a la familia apoyo para trabajar sin interrupciones.
- Si tenemos hijos adolescentes, es evidente que una sola línea telefónica será insuficiente para comunicarse. De ser posible, instala otra especial para los asuntos de trabajo. Conviene también adquirir una grabadora para recados.
- Si quieres tener una junta productiva en la casa, procura que sea en horas en las que la familia no se encuentre.
- ¿Te duele la espalda? Regálate una silla ergonómica de la mejor calidad. ¡Es toda la diferencia! Son de esas adquisiciones que en el momento parecen caras, pero a la larga son más baratas que el quiropráctico.

- Sé que mis clientes llegan en quince minutos. Tengo todo preparado, reviso el material. ¿Estoy listo? ¿Tengo a la mano el café, té o agua para ofrecerles?

  Aunque la oficina esté en la casa, es conveniente seguir las mismas reglas de cortesía de las empresas: contar con papel y lápices, acompañar al visitante a la puerta, ser puntuales, respetar el tiempo de los demás, ir al grano y finalizar una reunión con amabilidad y tacto cuando se hayan expuesto y resuelto todos los puntos.

- Muy bien, pongo la oficina en la casa y trabajo con… Es importante que al compartir un espacio tan personal elijamos bien, por muchas razones, a las personas que van a entrar a nuestro hogar. Por ejemplo, que tal persona aprecie la "informalidad" de una casa y comprenda que su presentación es importante aunque no vaya a una oficina. Que comprenda que la confianza es un frágil tesoro que hay que cuidar.

- Me contratan para trabajar en una casa. ¿Qué hago y qué no? En este caso la delicadeza es básica para respetar la privacidad. Entrar sólo a donde me indiquen. Salir a comer para que la familia disfrute su intimidad. Definir cuándo entro, a qué hora salgo y si puedo quedarme horas extras sin molestar. Tener detalles de vez en cuando, como llevar flores, galletas, algo que muestre agradecimiento por el privilegio de laborar en un ambiente relajado y familiar.

Por último, recordemos que el único lugar en donde la palabra éxito viene antes que el trabajo es en el diccionario. Aprovechemos las ventajas de la tecnología y consigamos un trabajo a la medida de nuestras necesidades.

Supera los obstáculos

Los verdaderos líderes hacen sentir bien
a sus seguidores acerca de sí mismos y de
su trabajo.

B. ESTHERID

¡UN SÚPER JEFE!

En el camino de nuestra vida profesional nos damos cuenta de que podemos esquivar piedras, escalar montañas y cruzar ríos. Sin embargo, el mayor reto sigue siendo llegar a la cima y, una vez allí, adquirir la responsabilidad de liderar al grupo. Por lo que hay que prepararnos y tomar el riesgo.

Todos deseamos llegar a ser un súper jefe, sin embargo hay que estar dispuestos a realizar un esfuerzo extra para conseguirlo. El súper jefe se distingue, entre otras cosas, por su congruencia, valor, empatía, capacidad de decisión, tenacidad y comprensión.

Trabajar para un súper jefe es una suerte y un privilegio. Y como considero que el mejor cumplido que alguien así puede recibir surge precisamente de quienes trabajan para él, comparto contigo comentarios recopilados entre personas que gozan trabajando para un verdadero jefe. ¿Lo eres?

¿Por qué y cuándo admiras a tu jefe?

- Cuando veo que trabaja intensamente, porque nos motiva a seguirlo.
- Por el coraje y la fortaleza que tiene para superar las decepciones, rechazos e infortunios que de pronto lo acosan.
- Por su gran pasión por aprender, crecer, triunfar y cómo se prepara constantemente para ello. Asiste a congresos, toma distintos seminarios, lee y se actualiza.
- Por lo práctico y ecuánime que es y su forma de resolver los problemas más complejos con sentido común.
- Por los sacrificios personales que hace en silencio. Como invertir tiempo personal, energías y paciencia, sin perseguir el reconocimiento de los que trabajamos para él.
- Porque a pesar de su posición privilegiada, permanece con los pies en la tierra y es alguien accesible y sencillo.
- Porque cuando se equivoca, lo acepta y lo reconoce.
- Porque además de ser una persona con principios, exigente y disciplinada, es flexible.
- Porque reconoce el valor y recompensa a quienes se esfuerzan, y es severo con los que no se comprometen.
- Porque siempre llega a la oficina muy bien presentado y oliendo a limpio.
- Admiro su serenidad en los momentos difíciles y frente a las decisiones importantes que tiene que tomar.

¿Qué agradeces a tu jefe?

- Antes que nada, siempre nos trata con mucho respeto.
- Le agradezco infinitamente que me asigne temprano el trabajo del día, para que no tenga que trabajar bajo presión ni a las carreras.
- El interés que tiene en que nos superemos, por lo que con frecuencia nos ofrece cursos de capacitación.
- Que sea generoso para dar pequeñas muestras de reconocimiento, como una palmada en la espalda o una felicitación cuando hacemos bien las cosas.
- Que me haga sentir importante y me presente con las personas que llegan a la oficina.
- Que siempre le dé crédito a quien lo merece.
- Que se tome tiempo para explicarme las cosas cuando se trata de un trabajo especial.
- Que de vez en cuando organiza comidas fuera, con nosotros y nos da la oportunidad de conocerlo mejor.
- Su preocupación por evitar que nos quedemos trabajando más horas de lo normal. Por eso, cuando es indispensable que permanezcamos tiempo extra, lo hacemos con mucho gusto.
- Que a pesar de lo ocupado que está, se interesa por nosotros como personas. Por ejemplo, me pregunta cómo sigue mi gripa o platica con mi compañera sobre los preparativos de su boda.
- Que me salude por mi nombre o me ayude a abrir la puerta; en fin, sus detalles de cortesía.
- Que cuando nos tiene que llamar la atención, lo haga en privado y de manera muy educada. Esto motiva a no volver a fallar.

- Me gusta que haya promovido una política de puertas abiertas y sea accesible para recibir tanto las buenas como las malas noticias.
- Que siempre me pida las cosas "por favor" y nunca regatea un "gracias".
- Que cuando promete algo, siempre lo cumple.
- Me gusta que casi siempre esté de buen humor, por lo que entiendo cuando veo que llega contrariado.
- Que delega responsabilidades y confía en mi creatividad para resolver los problemas de acuerdo con mi juicio. Me hace sentir que soy una persona inteligente.

Bear (el Oso) Bryant, quien se distinguió como gran entrenador de fútbol americano colegial y logró que su equipo ganara muchos partidos, adoptó la siguiente filosofía: "Si algo sale mal, yo lo hice. Si algo sale medio bien, nosotros lo hicimos. Si algo sale muy bien, entonces tú lo hiciste".

Un gran jefe es, ante todo, un gran ser humano. ¿No crees?

¿SABES DAR ÓRDENES?

Las personas aprenden lo que les enseñas, no lo que intentas enseñarles.

B. F. SKINNER

En nuestra vida profesional, tarde o temprano tenemos que dar órdenes. Para que se cumplan, hay que saber darlas. Por ejemplo, ¿te ha pasado lo siguiente?

¿Alguien tiene una pregunta? (miradas en blanco). ¿Quedó todo claro? (las cabezas asienten). ¿Alguien tiene una duda? (silencio). Es común que observemos esta escena en las juntas de trabajo, en el aula o en casa. Y a la hora de los resultados, vemos que uno, muchos o nadie entendió: ¡nada!

Como colegas, vendedores o jefes, a veces nos toca instruir a los demás en la manera de usar un software, cómo llegar a una dirección, cómo calcular una proyección financiera o llenar un reporte. Algunas cosas más sencillas que otras. Sin embargo, cualquier instrucción involucra ciertos principios.

Si has escuchado frases como "nadie me dijo eso", "yo entendí otra cosa", "¿por qué no me lo dijiste antes?", "si lo hubiera sabido", es señal de que tenemos un pequeño problema al dar instrucciones. Cuando damos órdenes y nos encontramos con sorpresas caemos en varias categorías. ¿Te identificas con alguna?

- Los del tipo: "Ahorita no tengo tiempo para explicarte".
- "Tú solamente hazlo. Créeme."
- "Déjeme resolver esto que urge y regreso."
- "Entonces… Ay, se me olvidó decirte… Regresando a… Mientras, lo pienso… Bueno, tú trátalo."
- "No hagas nada hasta que yo te diga."
- "¿Tú no necesitas que te explique verdad?"

Tomemos en cuenta que también cuando recibimos instrucciones podemos caer en varias categorías, por lo que es necesario reconocer y adaptarnos al estilo del otro:

- "No tan rápido, más despacio."
- "Ya, ya, ya entendí."
- "No entiendo nada."
- "Quién eres tú para decirme cómo."
- "Mientras pienso en lo que me dices, tengo una pregunta sobre Timbuctú" (el distraído).

Aquí algunas recomendaciones para comunicarnos mejor:

- *Primero hay que estar consciente*, y hacer conscientes a los demás, de que un pequeño error, en cualquier caso, puede significar en términos de tiempo, dinero y esfuerzo.
- *Evitemos frases como*: "Estas instrucciones son a prueba de tontos; hemos revisado todos los detalles y no debes tener problema" o "todo mundo dice que es muy fácil". Porque después de algo así, ¿quién se atreve a preguntar algo o admitir que lo hizo mal?
- *Hay que preferir ser claros a ser breves*, la brevedad es positiva; sin embargo, la claridad es mejor. Pensemos que el costo de las palabras y el papel es barato en comparación con lo que cuestan los errores. Una vez, al lanzar una línea de cremas francesas en una importante tienda departamental, por falta de tiempo se me ocurrió decirle al gerente de ventas que se encargara de todo asumiendo que iba a cuidar los gastos. El lanzamiento fue espectacular, las vendedoras uniformadas, las vitrinas preciosas. A la hora de ver los costos me fui de espaldas. ¿La culpa? Mía, nunca especifiqué. Aprendí la lección.

- *¿Meta o tarea?*, es necesario distinguir quiénes reaccionan mejor al ponerles una meta y quiénes ante una tarea. Una meta: "Te encargo que veas la manera de que podamos recortar gastos", esto puede motivar a un gerente de área. Una tarea: "Por favor, ve cuántas personas irán a la presentación, organiza las invitaciones y avisa al hotel", estos detalles pueden hacer sentir tranquilo a su nuevo asistente. Sin embargo, puede frustrar a alguien con más iniciativa.

- *Limitemos el "lo dejo a tu criterio"*, cuando un gerente le dice a su personal estas palabras, puede meterse en problemas. Por ejemplo, qué tal si al contestar quejas de los clientes cada telefonista decide, de acuerdo con su humor, darle un producto gratis, colgarle el teléfono, devolverle su dinero o hacerle un descuento. Es mejor dar órdenes precisas para los casos más comunes y usar el "lo dejo a tu criterio" para las situaciones inesperadas.

- *Hagamos sentir a los demás* que las preguntas son bienvenidas. Comentarios como: "En cuanto lleguen a esta etapa, por favor entérenme cómo van, por si hay alguna duda", motivan a que la gente se abra. Y si alguien no entendió y se atreve a preguntar, evitemos repetir la orden con las mismas palabras o en un tono molesto. Del tipo: "Como ya les dije, esto se hace…" Es mejor explicar con otras palabras qué queremos decir con "limpiar a fondo." ¿Significa limpiar con trapo, con manguera; tallar con cepillo y desinfectante?

- *La información tiene que ser accesible* o mejor olvídala. Sabemos que los manuales no funcionan y menos los que parecen directorio telefónico. Nadie los lee.

¿Quién tiene tiempo? Usa métodos de aprendizaje acelerado como video, dibujos, esquemas, fotos, etcétera. Son mucho más efectivos.

- *Es más fácil hacer bien lo que nos interesa*, nos gusta o nos reporta un beneficio inmediato, que aquello que nos resulta indiferente o incluso molesto. Así que, al dar una orden, busquemos la manera de motivar a la gente y de que encuentre un beneficio personal, no necesariamente económico. Puede consistir en aprender algo, acumular experiencia o adquirir una habilidad.

Usemos nuestra inteligencia para enseñar sin que se sienta que estamos enseñando, tengamos paciencia, modo y tiempo para saber en realidad cómo dar una orden. De esta manera, evitaremos miradas en blanco, cabezas que asienten, junto con sorpresas y decepciones en el trabajo.

¡BRAVO, QUÉ BIEN VAS!

Todos necesitamos el reconocimiento de los demás. Así seamos, jefes, empleados, padres de familia, hijos, maestros o alumnos. A pesar del aire de autosuficiencia que la mayoría tratamos de proyectar, en general estamos hambrientos de que alguien nos dé aunque sea una simple palmada en la espalda.

No cabe duda de que la mejor forma de motivar a una persona por un trabajo bien hecho es decirle unas cuantas palabras. ¡Bravo! ¡Qué bien! ¡Te felicito! Hacer esto parecería mero sentido común. Sabemos; sin embargo, que no es común expresar o recibir este tipo de palabras mágicas.

¿Por qué, aunque resulta sencillo hacer que el otro se sienta bien, no lo hacemos? Una razón puede ser que, estando tan estresados y ocupados, olvidamos dar a otros aquello que anhelamos. Es un hecho que el nuevo concepto de liderazgo requiere que los jefes motiven e inspiren a sus empleados, más que presionarlos o exigirles que cumplan sus tareas.

Parece increíble que la mayoría de los jefes y directores de empresas subestimen o ignoren el poder que tiene el reforzamiento positivo para sacar todo el potencial de sus empleados y lograr que el ambiente de trabajo sea más productivo, estimulante y satisfactorio.

Muchos evitan hacerlo porque, quizá equivocadamente, creen que lo único que estimula a un empleado es que el aprecio se refleje directamente en el bolsillo. Como eso no conviene a los gerentes, algunos optan por no hacer nada.

Es común escuchar entre los empleados lo siguiente: "Mira, no me importaría el dinero si mi jefe me diera las gracias o me hiciera sentir que existo. La única vez que se dirige a mí, es cuando me equivoco. Nunca cuando hago bien las cosas".

El cheque mensual es importante, pero numerosos estudios han comprobado que lo que *motiva* al empleado a hacer mejor su trabajo, es recibir un reconocimiento personal por haber hecho bien las cosas; mejor todavía si se trata de algo que pueda compartir con su familia, amigos o socios.

Hay dos grandes formas de reconocer el buen desempeño: la formal y la informal. Los estímulos formales son aquellos que se otorgan públicamente a los mejores en reuniones de toda la empresa, una o dos veces al año, y después se celebra.

El reconocimiento informal no tiene fecha especial, no requiere planeación y en general no cuesta nada y cualquier gerente o supervisor puede otorgarlo.

Para que el reconocimiento informal tenga el efecto deseado, tiene que ser inmediato, delante de uno o varios testigos, y que se diga específicamente lo que el empleado o la empleada hizo bien, lo orgulloso que el jefe se siente de él o de ella y cómo su trabajo ayuda a toda la organización.

Para ti, que tienes gente bajo tu dirección o piensas tenerla muy pronto, comparto algunas ideas que no cuestan nada.

Ideas de bajo costo que estimulan a los empleados

- Manda hacer un distintivo que se pueda lucir en la solapa o en el vestido.
- Invita a tomar un café o a comer fuera de la oficina al empleado o al grupo de personas que normalmente no frecuentas.
- Regala boletos para un partido de futbol o un concierto.
- Invita a tus empleados a una conferencia interesante.
- Ofrece un sincero "gracias" a la persona adecuada en el momento justo. Puede significar más para el empleado que un aumento, un premio formal o una pared llena de placas. Por ejemplo, expresa: "Luis, te felicito por la excelente investigación que realizaste. Gracias a ti el proyecto salió adelante. Continúa así".

- Haz que el jefe de la empresa llame personalmente al empleado para felicitarlo o visite a la empleada en su lugar de trabajo.
- Escribe una carta personal de felicitación y envíala a la casa del empleado. Una carta es algo que podrá enseñar orgulloso a sus hijos y quizá enmarcarla. También puedes escribir al reverso de tu tarjeta de presentación una nota con un "gracias" o "te felicito", con tu firma, y dejársela en el escritorio.
- Incluye una breve nota de felicitación en el sobre del pago quincenal.
- Envía un correo electrónico o coloca en el pizarrón de avisos una felicitación personal al empleado que destacó.

Recordemos que la compensación económica se da a la gente por hacer el trabajo para el que fue contratada. Por otra parte, el reconocimiento es lo que la persona merece por un esfuerzo realizado más allá de su obligación y lo estimulará a ser mejor.

"EXCUSITIS"

¿Conoces a alguien enfermo de "excusitis"? ¿Acaso tú mismo? Todos deseamos tener éxito en la vida y lo concebimos de las más diversas maneras. Tener una casa propia, seguridad económica para nuestros hijos, ayudar a una causa noble, viajar. Significa también sentirse admirados y reconocidos por los demás, y sobre todo ganarse el respeto de uno mismo al saberse consciente de obtener el mejor provecho de lo que la vida nos ofrece. El éxito se alcanza por diferentes caminos. ¿Por qué en algunos de ellos se nos dificulta hallarlo?

Nadie quiere ser mediocre. Podríamos interpretar la palabra como *medio creer* en uno mismo, por lo que lo primero que necesitamos es creer en nosotros. En el momento que adoptamos la actitud adecuada de sí puedo, *el cómo* comienza a resolverse.

Los conocedores nos dicen que el éxito no lo determina el tamaño del cerebro sino el tamaño de los pensamientos. Como escribió Milton, en *El paraíso perdido*: "La mente en sí y por sí misma puede hacer del cielo un infierno y del infierno un cielo". Desconfiar de nuestra capacidad y decir *no puedo* ocasiona que nuestra mente admita todas las razones que soportan esta creencia. Como resultado, nos enfermamos de "excusitis", padecimiento originado por el temor a aceptar una responsabilidad mayor. Y como todo padecimiento, si no se trata se agrava.

La "excusitis" se presenta en diversas formas. Los principales pretextos tienen que ver con la salud, la inteligencia, la edad y la suerte. Veamos.

- *Salud.* "Es que no me siento bien." "Estoy enfermo de tal y tal." Los grados varían. Millones de personas sentimos este mal. Como adultos siempre padeceremos algo, en mayor o menor grado. La diferencia está en que unos se rinden del todo o en parte a esta excusa de salud y otros se sobreponen a ella. Hay ejemplos excepcionales: Gaby Brimmer, Franklin D. Roosevelt, Hellen Keller o cierto gran golfista que tenía un solo brazo, al que le preguntaron cómo hacía para tener un juego casi perfecto, a lo que respondió: "Un brazo y una actitud correcta pueden vencer a dos brazos y una mala actitud". ¡Qué lección!

Vacuna. Evita hablar de tu salud. Mientras más hables de ella, aunque sea una gripa, parecerá empeorar. Además, esta clase de charla aburre a todos. En vez de preocuparte por tu salud, ocúpate de ella. Aprecia lo sano que eres en comparación con otros y cuídate.

- *Inteligencia*. "Es que no voy a poder con el paquete." Es común que, ante el reto, menospreciemos nuestra inteligencia y sobrepreciemos la de los otros. Una vez más, es un problema de actitud. Más importante que tener la inteligencia de Einstein, es tener una actitud de entusiasmo, tenacidad y optimismo frente al desafío.

Hemos escuchado que conocimiento es poder. Sin embargo, esta frase es una verdad a medias. Si no ponemos en práctica el conocimiento con fe y entusiasmo, ¿de qué sirve? ¡Cuánta gente brillantísima en la carrera, no tiene éxito en la vida! Poseen la inteligencia más no la actitud.

Vacuna. Concéntrate en tus cualidades y nunca te menosprecies. En lugar de pensar en el posible fracaso, cultiva en la mente las razones por las cuales sí puedes aceptar el reto. Nuestra actitud es más importante que la inteligencia.

- *Edad*. "Estoy muy grande o muy joven para esto." Tal excusa ha cerrado la puerta de la oportunidad a muchas personas. En ocasiones ni siquiera tratan, convencidas de que su edad es un impedimento. Como la señora de 40 años que, con gran frustración, renunció a obtener un posible empleo. O como el joven que me escribió aterrado porque el nuevo puesto que le ofrecían demandaba que estuviese por encima de gente mayor que él. Si un joven demuestra la habilidad y la actitud correcta, su juventud es una ventaja. Somos tan jóvenes o viejos como nos sentimos.

Vacuna. La vida productiva de una persona es de 50 años; si comienza a trabajar a los veinte, termina a los 70. Si una persona tiene 40 años, ha producido sólo durante veinte y puede trabajar otros 30, ¡más del doble!

Por otro lado, el joven debe acostumbrarse a tener gente mayor bajo su mando, para cuando se le presente un reto más grande. No es una desventaja, es la ley de la vida. Así que la actitud hacia la edad puede ser un obstáculo o una ganancia.

- *Suerte.* "Es que tengo pésima suerte." Leí en una revista con un controlador aéreo, al que le preguntaban sobre la seguridad en los aviones. Me impactó lo que dijo: "En la aviación no existen verdaderos accidentes. Todo tiene una causa y un efecto. Lo que llamamos accidente es el resultado de una falla mecánica o humana, o la combinación de ambas".

Vacuna. Lo mismo puede decirse respecto del éxito: no viene ni por casualidad ni por suerte. Es resultado de la planeación, preparación, mucho trabajo y la actitud.

Todos deseamos tener éxito en la vida. Sin embargo, reflexionemos: el más grande obstáculo para alcanzarlo podemos ser nosotros mismos. El éxito no se mide por la posición que alcancemos en la vida, sino por los retos que superemos al tratar de obtenerlo. Así que la próxima vez que sientas que sufrirás "excusitis", recurre a tu vacuna de inmediato. Porque lo importante no es tener éxito en la vida sino hacer de nuestra vida un éxito. ¿No crees?

UNA DISCULPA A TIEMPO

Errar es humano, perdonar, divino.

PAPA ALEJANDRO

Alguien me dijo que las dos palabras más difíciles de pronunciar en cualquier idioma son "me equivoqué". Y a todos nos ha tocado comprobarlo.

Inicio de Semana Santa. El aeropuerto lleno de familias, maletas, ilusiones y prisa por descansar y huir de la ciudad unos días. Boletos comprados con tres meses de anticipación con destino a Cancún. Al llegar al mostrador escuchamos al joven de la línea decirnos con voz de robot: "El vuelo está sobrevendido y no les puedo garantizar sus lugares. Los pondré en lista de espera". Por celular, la agencia de viajes nos confirma el número de reservación, que de nada sirve; atribuye el problema a falta de organización de la empresa, lo que el joven uniformado no acepta.

Compartimos el enojo unas quince personas. Tras esperar que otros pasajeros abordaran, por orden de comparecencia algunos logramos subir. Otros, entre ellos una familia de alemanes recién llegados de Frankfurt, cansados del viaje y sin comprender la informalidad de la línea, se quedaron en tierra muy molestos, sin hotel y sin planes en la ciudad.

El dependiente, con escaso tacto, y sin considerar la frustración de los viajeros, tomó equivocadamente una actitud agresiva y se hizo de palabras con otro muchacho frente a todos los presentes. Me quedé pensando qué importante es capacitar al personal de una empresa para que, en caso de error, de una falta, sepa afrontar la situación con inteligencia y por lo menos ofrezca correctamente una disculpa. Por dos razones: para conservar clientes y para evitar que las personas divulguen el problema.

Cuando una disculpa es oportuna y bien fundada, tiene un efecto positivo y compensa el error en el ánimo de las personas. Puede motivar que la gente trabaje contenta en equipo, que los clientes vuelvan a tener confianza en la empresa, que después de la falta los gerentes sean más productivos y además permite a los líderes levantarse después de una caída.

- *Al ofrecer una disculpa evitemos frases cliché como*: "Disculpe las molestias que esto pueda causarle". La vaguedad de la frase y lo impersonal que resulta, pueden aumentar el disgusto de cualquiera. Decir *"las molestias"* supone que quien habla ni siquiera ha pensado en lo que tuvo que pasar la persona, y *"pueda causarle"* da a entender que "no es para tanto, no hay mayor problema". Es mejor ser específicos. Hagamos sentir a las personas que entendemos lo difícil de la situación que le hicimos pasar. Por ejemplo: "Sé que estaba esperando la información y me tardé en enviarla, le ofrezco disculpas". "Sé que hizo la reservación de boletos con anticipación y comprendo que esté muy molesto. Tuvimos un error en el sistema y esto provocó que se aceptaran más reservaciones de las debidas. En nombre de la compañía, le ofrezco una disculpa y haré lo que sea por que aborden el siguiente avión". Frases como ésta, en la que damos la razón, explicamos la causa de la falla, ofrecemos una posible solución y mostramos que comprendemos lo que ha significa para el otro, de inmediato hacen disminuir el enojo e invitan a la comprensión.

- *Si la falla fue por un obvio descuido nuestro es mejor aceptarlo* que dar explicaciones. "Es que fíjate que yo creí..." Esto suena a excusa y no funciona. Es mejor decir: "Tienes razón. He estado llegando tarde a las últimas juntas y he hecho esperar. No puedo decir que es problema de tránsito, simplemente no me he organizado bien para salir temprano. Te ofrezco una disculpa y prometo que no volverá a suceder".

- *Seamos sinceros*, en ocasiones la disculpa suena a reclamo o exigencia. "Oye, ya te ofrecí una disculpa, ¿qué más quieres que haga?" Esto supone que el enojo funciona como interruptor de luz, que puede encenderse y apagarse al antojo. Para que la disculpa sea efectiva, tiene que ser más que un "olvídalo y pasemos a otra cosa". Esto suena a "no me queda más remedio que pedir un forzado perdón", y las personas no funcionamos así. La disculpa tiene que salir del corazón y mostrar que tenemos toda la intención de no repetir la falla.

La sinceridad la notamos en el tono de voz, en el lenguaje corporal, en la mirada y en las palabras. Por ejemplo, es mejor decir algo como: "Sé que me equivoqué y me siento pésimo. Por favor dime qué puedo hacer para que me disculpes".

- *Después de la disculpa necesitamos cerrar el círculo.* Así como los novios que al reconciliarse se dan un beso en señal de "borrón y cuenta nueva", en el trabajo o con los amigos es igual. Una buena forma de lograrlo es comentar algo neutral, hablar de un tema diferente. Esto sirve como un apretón de manos que pone la relación una vez más en el camino y evita el sentirnos "raros" con el otro en el próximo encuentro.

- *Las investigaciones muestran que a las mujeres* se nos facilita más que a los hombres ofrecer una disculpa. Sin embargo, piensa que las buenas relaciones realzan nuestra autoestima y que cuando se rompen, nos afecta a todos.

Algunos hombres piensan que pedir perdón es un mero trámite, más que el reconocimiento de una falta. Otros son del parecer que solicitar una disculpa los debilita o los coloca en una posición inferior; prefieren hacer como que "aquí no ha pasado nada" y seguir adelante. Sólo que recordemos lo que dice La Rochefoucauld: "Con frecuencia las personas más equivocadas son aquellas que nunca lo reconocen".

Así que tengamos la humildad de ofrecer una disculpa. Y de aceptarla inmediatamente cuando nos dicen las dos palabras más difíciles en cualquier idioma: "me equivoqué".

Sin duda, todos nos hemos topado en la vida con una persona cuya sola presencia nos hace sentir incómodos. Aquella que puede descargar comentarios negativos que hieren o dejan una cicatriz en la gente, o que simplemente con su actitud atentan contra la dignidad y la autoestima de una persona y envenenan la esencia de su ser. A este tipo de personas la doctora Lillian Glass en su libro Gente tóxica los llama precisamente así.

Cualquiera puede ser una persona tóxica, un compañero de clase, un hermano o una hermana, un papá o una mamá, un jefe, un compañero de trabajo o nuestra pareja, hasta nosotros mismos. Sujetos que de alguna manera sabotean nuestros esfuerzos por llevar una vida feliz y productiva. No importa la edad, la educación, el grado de inteligencia o la religión. Cabe aclarar que una persona puede ser nociva para alguien y no serlo para los demás.

Sabemos que la mayoría de la gente es buena y los seres humanos nacemos inocentes, felices y abiertos; pero a ciencia cierta no se sabe por qué una persona puede convertirse en tóxica y otra no.

¿Será cosa de genes o será la educación lo que los cambia? ¿O los transforma el medio ambiente? Se desconoce, y sin embargo se sabe que los celos y la inseguridad son sus principales motores.

Podríamos decir que las personas tóxicas son expertas en reconocer lo negativo en cualquier ámbito y difundirlo a gran velocidad. Lo cierto es que, si estamos cerca de una persona así durante mucho tiempo, acaba por enfermarnos. Por un lado, si vivimos en la hostilidad y el enojo constante, afecta la producción de la hormona norepinefrina, lo que provoca que nuestra presión arterial aumente y tengamos problemas cardiacos.

Por otro lado, si negamos o reprimimos la situación y decimos "no es nada, a mí no me importa", poco a poco nuestra autoestima se afectará negativamente.

Algunos ejemplos

Las palabras motivan o hieren profundamente. Los seres humanos somos increíblemente frágiles. Emocionalmente somos tan delicados que el lenguaje tiene el gran poder de perfilar nuestras vidas.

"Nunca haces bien las cosas". "Nunca lograrás nada en la vida". "Deberías ser como tu hermano". "Eres un tonto (una tonta)". Son frases que quizá escuchamos de pequeños y que, como fantasmas, pueden resurgir en la memoria cuando de adultos enfrentamos un reto.

Todos los seres humanos quisiéramos ganarnos el respeto, la aceptación y el reconocimiento de los demás. A todos nos gustaría escuchar siempre palabras de aliento. Tristemente, sabemos que no es así. Reconocer una persona tóxica y saber qué hacer cuando nos topamos con ella, es de gran ayuda.

¿Cómo identificarla?

Piensa en alguien que te incomode o con quien se te dificulte relacionarte y pregúntate:

- ¿Me pongo de mal humor, o me siento devaluado después de platicar con ella?
- ¿Me siento poco atractivo o atractiva después de haber estado con esa persona?
- ¿Me ignora y me hace sentir como si no existiera? ¿O me hace un chiste de mal gusto y después se ríe y me dice "era broma"?
- ¿Esa persona me provoca dolor de cabeza? ¿Se me tensa el cuello? ¿Siento alivio cuando me separo de ella?
- ¿Cuándo hablo con esa persona me cambia la expresión, se me dificulta encontrar las palabras o tartamudeo al hablar?

Si respondiste afirmativamente a estas preguntas, habrás encontrado de que tales personas cambian nuestro comportamiento, afectan nuestros sentimientos y nos enferman. ¿Hasta los perros les ladran y gruñen?

¿Por qué actúan así?

Diversos estudios prueban que una persona con baja autoestima hará lo posible para sabotear las relaciones o bien para sentirse importante. En la mayoría de los casos, la raíz de este comportamiento se halla en los celos.

Los celos son una respuesta primitiva, incluso en los animales. Lo veo con las dos perras labrador que tengo. Cuando acaricio a una, observo cómo la ignorada muerde la oreja de la que mimo y se me trepa a la falda para llamar mi atención. Los seres humanos no reaccionamos de modo diferente. Cuando sentimos que nos falta algo que otro tiene o que alguien tiene más, afloran los celos y comenzamos actuar de una manera irracional.

Son los celos la causa principal por la que la mayoría de las relaciones terminan. A la gente tóxica le molesta que otra persona tenga éxito, o que sea atractiva, o flaca, o gorda, o muy alta, o güera, o que sea simpática o muy culta, o que se lleve muy bien con otro amigo, o que la hayan promovido en el trabajo, etcétera.

Vivir para darle gusto a todo el mundo es imposible, así como lo es sacrificar un tipo de éxito con tal de ser aprobado. Lo que tenemos que hacer es amarnos a nosotros mismos, aceptarnos y comprender que siempre representaremos una amenaza para la seguridad de alguien, a veces sin razón específica. Si admitimos esto, viviremos más tranquilos y tendremos menos decepciones.

Bill Cosby dice: "No sé cuál es la clave el éxito, pero la clave para el fracaso es tratar de complacer a todo el mundo". ¡Tiene razón!

Hay varios tipos de gente tóxica: la que a todo mundo recorta, la del club de la lágrima perpetua, la mosca muerta, la chismosa, la que parece boxeador a la ofensiva, la que disfruta difundiendo malas noticias y las dos caras. Hay camaleones, oportunistas, sabelotodo, mentirosos, metiches, narcisistas, etcétera. ¿Reconocemos a alguien? Y una vez más, ¿acaso a nosotros mismos?

La gente tóxica se expresa de diferentes maneras. Describiremos la forma más común que adoptan en la oficina.

Los chismosos

De acuerdo con la doctora Glass, los chismosos son muy buenos para, discretamente, "dejar salir al gato de la bolsa". Tienen un agudo sentido del humor. Son ágiles para echar la culpa al otro y dominan el juego de las máscaras. Poseen una lengua muy afilada y la conspiración los estimula. Les encanta contar o inventar historias y disfrutan propagando las malas noticias.

Los chismosos básicamente son personas cuyo principal placer es contar los infortunios de los demás, nunca sus éxitos o sus virtudes.

En general sus vidas son poco o nada interesantes. Necesitan sentirse importantes y sobre todo, aceptados, por lo que piensan que ofrecer información privilegiada a alguien, hará que los aprecien.

Lo irónico es que los amigos los animan a seguir así, para recibir periódicamente el reporte detallado de la "ropa sucia" de muchas personas. Como dice el dicho, tanto peca el que mata a la vaca como el que le agarra la pata, y creo que de tal dicho pocos escapamos.

Aunque disfruta "ventaneando" a las personas, el chismoso nunca divulgará nada sobre sí mismo. De hecho, lo único que mantiene en secreto es lo relacionado con su vida personal. Bien dicen que el león cree que todos son de su condición y por tanto teme andar en boca de todos.

El mayor peligro de los chismosos es que se presentan con gran amabilidad y calidez, haciéndonos sentir que son verdaderos amigos. Comienzan con mucha apertura, compartiéndonos cierto "dato interesante" de algún conocido común. Usando sus encantos, trata de extraernos toda clase de información y grabársela en la mente con toda fidelidad.

Para que bajemos la guardia, platican en un tono de "tú eres el único al que se lo confío, y te lo cuento porque te respeto y te aprecio", lo que funciona muy bien.

¿Adivina qué? No sólo nos ofrece el "dato interesante" a nosotros, sino a todo el mundo, y en adelante incluirá como parte de su informe lo que le confiemos.

Al identificar en alguien estas tácticas, recordemos que aquel que trae, lleva. Así que seamos cautelosos con todo lo que mencionamos o hacemos frente a esa persona.

¿Qué hacer?

Un chismoso puede hacer de nuestra vida una pesadilla. Es importante hacerle saber que sabemos cómo es. Podemos confrontarlo directamente y decirle que su actitud nos incomoda. Por ejemplo: "Mira, María, hay un dicho que dice: cuando Pedro habla mal de Juan, sé más de Pedro que de Juan. Creo que es mejor que no platiques esas cosas. No te ves bien, no te consta y no sabemos la razón por lo que se hizo o se dijo. Tampoco creo que te gustara que se dijera algo así de ti". De una manera amable cortamos de tajo la intriga. Es importante hacerlo, en un tono de voz tranquilo y bien modulado.

Cuando el chisme es acerca de alguien que estimamos o conocemos, hay que cortar en forma tajante: "No creo nada de lo que estás diciendo". "No me interesa que me cuentes esas cosas". Esto hará que el chismoso lo piense dos veces antes de hablar mal de nosotros o contarnos un "dato interesante" de alguien más. Nos libera de la complicidad.

Aunque para todos de momento el chisme puede ser placentero, al final del día, cuando nos hallamos a solas con nuestra conciencia, percibimos un mal sabor de boca. Nos sentimos mal. Así que valdría la pena recordar aquello de: "Si no puedes hablar bien de alguien, mejor no digas nada".

Cómo neutralizar a la gente tóxica

Primero que nada, hay que evitar al máximo el contacto con esa persona. Cuando resulte imposible, en presencia suya podemos hacer lo siguiente:

- Respirar profundo y contener la respiración tres segundos pensando en la persona que nos daña, para después soltar el aire y arrojar mentalmente la mala sensación hasta quedar sin aliento. Hay que repetir la operación tres veces y la cuarta vez exhalar a fondo con alivio.
- Mostrar comprensión. Es común que la gente tóxica no haya recibido suficiente amor en su vida. Nos toca comprenderla. Y se necesita una buena dosis de fortaleza interna para convertir la molestia en comprensión y mantener el control. En lo que recibimos el comentario o la actitud negativa, recordemos que la persona debe sentir mucho dolor, vacío o soledad.

En el momento que hacemos un esfuerzo y sonreímos amablemente y le brindamos amor a la persona tóxica, es increíble el cambio radical que observamos en su tono de voz, su lenguaje corporal y sus gestos.

Una vez que comprendemos el fondo de su comportamiento, es nuestra tarea hacerle sentir que no somos el enemigo sino que estamos de su lado, así como procurar nunca ser nosotros la persona tóxica.

SECRETOS PARA OBTENER UN SÍ

El camino hacia el corazón es el oído.

VOLTAIRE

Soy presa fácil. ¿Contestas mi teléfono mientras salgo? Te vendo boletos para una rifa. ¿Me haces un favor? ¿Cubres mi turno? Inscríbase a esta revista ahora. Compre esto, aproveche la oportunidad.

Con cierta rabia conmigo misma, me doy cuenta de que la mayoría de las veces digo que sí a cualquier ofrecimiento, en muchas ocasiones sin necesitar o haber solicitado lo que me ofrecen, o sin estar en disposición.

Al leer *La psicología de la influencia* del doctor Robert Cialdini, descubrí que esta fragilidad es más común de lo que pensamos. ¿Cuáles son las razones que provocan el "sí" de una persona? ¿Qué hilos hay que jalar? ¿Por qué decir algo de cierta manera provoca rechazo y decirlo de otra, aceptación?

Hay ciertos principios, conocidos por los psicólogos como herramientas de influencia, que bien valdría la pena conocer. Los vendedores, los prestadores de servicios, los recaudadores de donativos utilizan muchas tácticas. Según Cialdini, la mayoría caen dentro de seis categorías: consistencia, reciprocidad, aprobación social, autoridad, aceptación y escasez, que disparan en el inconsciente un "sí" automático. Tres ejemplos:

- Cuando levantamos un objeto liviano y después uno pesado, el segundo nos parece más pesado que si hubiéramos intentado levantarlo antes que el ligero. A esto se le llama principio de contraste y es muy efectivo en el proceso de la persuasión. Si al ir a comprar un traje o un suéter a una tienda nos toca un buen vendedor, éste nos mostrará el traje antes que el suéter, ya que después de ver el precio del suéter, nos parecerá más barato.

  Los vendedores con experiencia saben bien que siempre es mejor mostrar el artículo caro primero. De no hacerlo, el vendedor novato provocará que este principio de percepción trabaje en su contra; al presentar primero el artículo de menor precio, el caro parecerá aún más caro. Esto se aplica no sólo en las ventas de coches, arte o casas, sino también en toda clase de negociación. Lo mismo en el "¿puedo llegar a las cuatro?", para sacar el permiso a las tres, que en una gran negociación empresarial. Asimismo, es una excelente herramienta para buscar la aceptación de una idea. "Mamá, te tengo una pésima noticia". Y después de que en los segundos de silencio que siguen a esas palabras la mamá imaginó por lo menos del aviso de un embarazo, la joven dice: "Troné dos materias este semestre". Entonces es posible que la mamá, aparte de soltar el aire, ¡hasta te felicite!

91

Por lo mismo, no debe extrañarnos que al salir de una película donde la estrella se veía guapísima o guapísimo, descubramos en quien nos acompaña un gesto de decepción... al vernos. Principio de contraste (ni modo).

- Según los estudiosos, cuando necesitamos que nos digan "sí" al solicitar un favor, tendremos más posibilidades de éxito si damos una razón. Una psicóloga de Harvard lo demostró al pedir un pequeño favor a un grupo de personas formadas para sacar copias fotostáticas. "Disculpe, tengo cinco hojas, ¿me permite usar la copiadora porque llevo prisa?" Solicitar algo y dar una razón resultó muy efectivo, el 94 por ciento de las veces la dejaron usar la copiadora antes.

Cuando sólo solicitó el favor ("disculpe, tengo cinco hojas, ¿puedo usar la copiadora?"), sólo el 60 por ciento accedió. A primera vista puede pensarse que la diferencia dependió de las palabras "tengo prisa". Sin embargo se demostró que la magia está en la palabra "porque". En una tercera prueba, en lugar de agregar una razón real, agregó algo evidente: "Disculpe, tengo cinco hojas, ¿puedo usar la copiadora *porque* tengo que sacar copias?" El resultado fue un sí en 93 por ciento de los casos, aunque no había una razón que justificara el favor.

La palabra "porque" dispara en nosotros un mecanismo automático que nos hace ceder, aunque no haya una razón subsecuente. Aunque algunos estudios adicionales mostraron que no siempre reaccionamos así, es asombrosa la frecuencia con la que sí lo hacemos.

- Al pasear por una tienda, tal vez has escuchado en boca del vendedor o la vendedora algo como: ¡Qué bonita piel tiene! ¡Qué hermoso está su niño! ¡Qué bien le queda lo que trae puesto!

   Sin que importe la veracidad de lo que escuchamos, y sabiendo que nos lo dicen para vender, nos halaga. Endulzarnos el oído puede tener un efecto cautivador y provocar que la persona nos caiga bien y en consecuencia sucumbir y decir sí.

Según Joe Girard, el mejor vendedor de autos del mundo, el secreto de su éxito fue conquistar a sus clientes. Cada mes enviaba a cada uno de sus trece mil compradores una tarjeta con motivo diferente según la temporada, navidad, amor, etcétera. Lo que nunca cambió fue un mensaje impreso que decía: "Me caes muy bien". Como él lo explicaba: "No hay en la tarjeta nada más que mi nombre. Sólo les digo lo bien que me caen". Sus clientes, al recibir la tarjeta cada uno de los doce meses, mantenían su fidelidad.

   Girard comprendió un factor importante de la naturaleza humana: estamos ansiosos por recibir elogios y ser aceptados. Según los estudios, los comentarios positivos, sean o no verdaderos, producen que quien lo dice nos caiga bien y reblandecen nuestra voluntad. ¡Ojo! Ahora ya sabes los secretos para obtener un sí.

CÓMO PEDIR UN AUMENTO DE SUELDO

*Es curioso lo tímido que puede ser un hombre
cuando reclama lo que le deben.*

JULIAN CHESTER

Un aumento de sueldo. Inexplicablemente, es un tema
que nos incomoda. Lo pensamos y repensamos. ¿A qué
hora lo pido? ¿Cómo se lo digo a mi jefe? ¿En su oficina? Es que siempre está muy ocupado. No mejor, al
rato. ¿Durante el descanso? Esto sucede siempre, aunque sepamos que lo tenemos bien merecido. Por otro
lado, si no lo pedimos nos sentimos mal y no dejamos
de reprochárnoslo.

La petición de aumento de sueldo no sólo incomoda a quien lo solicita; ocurre lo mismo con la persona a
quien se le solicita. Quizá porque no pueda darlo o porque, sabiendo que la persona lo merece, no se le había
ocurrido otorgarlo antes.

Mónica cumplirá la próxima semana un año de trabajar en una agencia de viajes. Es una ejecutiva eficiente que ofrece resultados y, sobre todo, compromiso con
la empresa. Sin embargo, es muy tímida. Ha escuchado
a sus compañeros hablar de sus próximos aumentos y a
ella, su jefe no le ha dicho nada. Mónica, por supuesto,
ni se atreve a mencionarlo. Finalmente vence su timidez y se decide a pedir el aumento. ¿Y qué ocurre? Que
no sólo le aumentan un quince por ciento sino que su
jefe reconoce que ojalá él se hubiera adelantado a hacerlo, porque Mónica lo merecía.

Hay algunos (pocos) jefes que piensan que la empresa debe adelantarse a la petición de ganar más. Quizá porque a la hora de la contratación se pactó que, tras un tiempo determinado, se haría efectivo un incremento; o tal vez porque un empleado ha hecho méritos y, considerando que merece un aumento, los mismos jefes lo ofrecen. Otros jefes están tan ocupados que no prestan atención a estas cosas.

Recordemos sin embargo que el mundo es de los audaces. Con lo que no quiero decir que hay que abusar. Es un hecho que quienes se atreven a pedir el aumento, generalmente acaban recibiendo un porcentaje mayor del que consiguen quienes se mantienen en silencio. Así que no temas. Si estás convencido de que mereces un aumento porque eres puntual, cumples tus objetivos, te llevas bien con tu jefe y los compañeros o subordinados, eres eficiente y tienes los argumentos y pruebas necesarias, no lo pienses. Infórmate lo que ganan las personas que desarrollan funciones similares a las tuyas, sea en tu centro de trabajo o en la competencia, y solicita el aumento.

Consejos prácticos

• Al pedir un aumento, sé comprensivo con tus superiores y con la empresa. Encuentra el momento adecuado. No abordes a tu jefe cuando va de salida, cuando sepas que su hijo adolescente lo hizo enojar, cuando esté de prisa o cuando tenga que atender una auditoría de Hacienda. Recuerda que es poco probable que obtengas un aumento al finalizar el año fiscal de la compañía o tras una temporada de problemas económicos.

- Evita mostrarte insistente, pues sólo crearás tensiones innecesarias.
- Escribe las razones que justifiquen tu petición y tenlas en mente.
- Basa tus razonamientos en cifras y señala los logros de tu sección y el crecimiento que ha tenido desde que te incorporaste al equipo.
- Y lo más importante: demuestra cómo contribuíste en la obtención de dichos logros.

Cómo no se debe pedir un aumento

Nunca estaremos convencidos de que ganamos lo suficiente. Sin embargo, evita acompañar tu petición de aumento con una de estas cantaletas: "es que ya no me alcanza", "es que me quiero comprar una casa", "es que un amigo me vende su coche", "es que tengo tiempo trabajando aquí", "es que con lo del divorcio estoy muy presionado", porque seguramente saldrás con una rotunda negativa. No pierdas de vista que el jefe no es tu papá ni un banco. Las empresas no son instituciones filantrópicas o de caridad. Están para hacer dinero y para eso nos contratan.

Considera también que la antigüedad no es razón de peso. Si desde el día en que ingresaste haces lo mismo y no tienes aportaciones novedosas o que representen un avance tangible para la empresa, el tiempo no es razón suficiente para obtener un aumento.

Hace unos dos años escuché a mi querido amigo Carlos platicar que, conociendo los aprietos económicos de la empresa, un día le dijo a su jefe: "Quiero conservar mi empleo, por lo que estoy dispuesto a ganar menos mientras trabajamos juntos para sacar adelante la empresa. Estoy seguro que podemos lograrlo". El jefe, conmovido, se lo agrad?eció siempre. Después de un tiempo la empresa salió a flote y ahora Carlos gana tres veces más que antes. Además, estoy segura de que con esa muestra de solidaridad Carlos tiene asegurado un gran futuro allí.

Esto demuestra que, aunque de momento parezca suicida, hay muchas maneras de solicitar un aumento de sueldo cuando uno está convencido de que lo merece. ¿No crees?

RADIOPASILLO

> *Déjadlos murmurar, porque nos dejarán mandar.*

> SIXTO V

¿Sabías que a Juan le van a dar el puesto de Jorge? ¡Qué tal que el jefe anda con Susana! ¿Ya oíste?, sólo nos van a aumentar un tres por ciento. ¿Adivina qué?, van a integrar a los de contabilidad con los de producción, ¡qué horror! Te lo juro, Sofía se fue porque se peleó con Pepe. ¿Supiste que Mauricio terminó en Ford? ¿A poco?

Todos hemos oído hablar de este curioso personaje, un auténtico ser vivo: radiopasillo. Lo sabe todo, domina los temas de amor, dinero, ascensos y descensos, aumentos, renuncias, despidos y puestos. Y los divulga a su antojo en los lugares comunes de las empresas (ninguna se salva). Radiopasillo actúa en los baños, en la cafetería, junto a la máquina de refrescos, en las escaleras y, cómo no, en los pasillos.

Radiopasillo es confiable, es real. Lo que anuncia por lo general se hace realidad, resulta cierto.

Los directivos tienen distintas opiniones de radiopasillo: algunos desdeñan su fuerza como canal de comunicación. Lo ven como una simple cadena de chismes y ya, sin darse cuenta de lo que puede afectar las relaciones laborales. Otros lo perciben como un mal que dispersa rumores, destruye reputaciones y acaba con la gente. Algunos, los menos, lo consideran algo bueno, porque es una válvula de escape que reduce el estrés, la incertidumbre y transporta las noticias a gran velocidad. Los más conservadores lo consideran una mezcla de elementos buenos y malos.

De cualquier manera, sería bueno entenderlo y tomarlo en cuenta, porque aunque no podamos contarlo, sí podemos influir para que actúe a favor nuestro y de la compañía.

Los directivos que creen que la única vía de comunicación es la formal (conferencias, reportes, memos, correo electrónico, periódicos, murales, boletines, etcétera), están muy lejos de la realidad. Lo peor es que radiopasillo lo sabe.

Radiopasillo tiene las siguientes características:

- Es veloz para transmitir la información. Muchas veces, si algo se dice por la mañana, antes de medio día ya lo saben cientos de empleados.

- Es selectivo. Decide dónde, cuándo y a quién informar. Es capaz de discriminar. Selecciona grupos, zonas geográficas (este piso sí y éste no), razas, niveles y, algo importante, dosifica la información.
- Su lugar de operación es la empresa. Mucha gente nunca se ve después del trabajo, por lo que aprovecha los encuentros durante el día para hacer circular la información. En este punto, lo interesante es que los directivos más astutos, como tienen cierto control del entorno laboral, pueden aprovechar alguna oportunidad de influir en radiopasillo.
- La comunicación formal y la informal están inevitablemente unidas. Se complementan. A veces la comunicación formal sirve sólo para confirmar las noticias que difundió radiopasillo.

Cómo se divulga la información

Funciona de tres maneras

1. La cadena simple. A le dice a B, B le dice a C, C le dice a D, y así sucesivamente hasta que el mensaje llega a su destino final totalmente transformado.
2. La cadena del rumor. Una persona logra reunir a todos y divulgar la noticia en ese grupo.
3. La cadena del racimo. Imaginemos cómo se bifurca un racimo de uvas. Alguien transmite cierta información a tres personas que ha seleccionado. Una de éstas la comunica a dos personas más; otra, quizá a cuatro. Y así sucesivamente.

Radiopasillo se conecta con dos tipos de personas: las activas, que diseminan la información de inmediato, y las pasivas, que escuchan, se forman una opinión y deciden no transmitirla.

Si un gerente quiere aumentar la efectividad de radiopasillo, le conviene detectar muy bien quiénes son las personas más activas, cosa que no es difícil, porque se comportan de una manera predecible. Luego, sólo hay que darles la información que se desee transmitir a otros. Las personas aquí denominadas activas disfrutan al tener la exclusiva para poder correr la voz; se sienten seguras, poderosas e importantes. Es ideal tenerlas de nuestro lado.

Consejos prácticos

- Si un gerente quiere mayor comunicación entre sus ejecutivos y supervisores, una manera de lograrlo es aumentar el número y la eficiencia de los individuos "activos" en radiopasillo.
- Le conviene dedicar tiempo a analizar la comunicación informal de su departamento, y entre departamentos, que se genera en radiopasillo. Los factores sociales son muy importantes.
- Hay que permanecer atentos para compensar de alguna forma a los discriminados por el radiopasillo, de modo que no se sientan excluidos. Hay que buscar quiénes son y por qué son excluidos.
- Es importante motivar a los demás gerentes para que conozcan e investiguen el radiopasillo, a fin de encontrar maneras de usarlo en beneficio de la empresa.

Ningún directivo en pleno uso de sus facultades trataría de abolir el radiopasillo. Además, no podría hacerlo, porque es parte de la naturaleza humana. Es permanente.

Algunos jefes lo borran de sus mentes como si eso lo anulara. ¡Y entonces se meten en problemas serios!

Tenemos que reconocer la fuerza de radioasillo, analizarlo a fondo, ponerlo de nuestro lado y trabajar a conciencia para influir en él.

INFORMACIÓN Y CONFIANZA

Mientras más rápido se descubra un problema, más pronto tendremos su diagnóstico y solución.

FERNANDO BARTOLOMÉ

Si como directivos descubrimos los problemas antes de que dañen a la empresa llevamos automáticamente la delantera. Una manera de lograrlo es estar cerca de la gente e informarnos.

Todos sabemos que, si las cosas van bien, la información fluye con facilidad. A la gente le encanta dar buenas noticias al jefe. En cambio, cuando algo no funciona sentimos que comunicarlo puede ser riesgoso y llevarnos a provocar el enojo del jefe, o bien obstaculizar el ascenso al puesto que deseamos. Además, a nadie le gusta que lo identifiquen como soplón o miedoso. La mayoría de las veces nos falta valor para confesar un error a tiempo. Por eso, la mayoría de las personas intentamos resolver los conflictos con nuestros propios medios, pensando que para eso se nos paga, y sin embargo, no siempre tenemos la solución a la mano.

En estos días que nos ha tocado ver fusiones y compras de empresas, construir relaciones de confianza es vital. En general, estas reestructuraciones y consolidaciones producen gran desasosiego entre los empleados y, en consecuencia, las líneas de comunicación se debilitan. Por lo que, hoy más que nunca, crear un ambiente de confianza es primordial para consolidar la armonía, el trabajo en equipo y la productividad.

Cuando hay confianza

- El personal se comunica con libertad, discute los acuerdos y participa en en las reuniones.
- El grupo se muestra motivado o entusiasta. Hay cooperación. Cuando la confianza se tambalea, crecen las quejas, aumentan las críticas y la irritabilidad, lo que impacta los resultados.

Cuando un director con experiencia percibe señales de cambio o síntomas de problemas en el comportamiento de su equipo, empieza por acercarse a su gente y hacer preguntas para recabar información. Su éxito dependerá de cómo indaga, cuándo y con quién. Y de que aplique soluciones inmediatas.

En el momento en que surgen inconformidades, diferencias, roces y el personal no tiene la oportunidad de exteriorizarlos, puede elegir "castigar" a sus jefes mediante formas muy sutiles y efectivas. Por eso, crear un ambiente de relaciones abiertas y de confianza es fundamental. Una alternativa consiste en valerse de métodos anónimos de comunicación, como buzones de sugerencias, cuestionarios, encuestas y periódicos murales en las zonas de convivencia: el lugar de la copiadora, el café, el comedor. Es una manera de decir: "ustedes, su opinión y lo que saben, son importantes". En beneficio propio y de la empresa, recordemos una vez más que la regla número uno en relaciones humanas es "hazme sentir importante". Cuando la aplicamos, vemos cómo el trabajo, la productividad y las relaciones mejoran notablemente.

Seis factores que consolidan la confianza en el entorno laboral

1. Mantén a tu gente informada. Está comprobado que trabajamos con menos estrés cuando nos sentimos informados. Propicia la retroalimentación.
2. Muestra interés en tus empleados como personas; sus vidas, en sus carreras. Manténte cerca, a su alcance, disponible. El apoyo es un arma muy poderosa para construir confianza. Motiva a la gente y refuerza sus ideas.

    Dedícales tiempo y atención. Comparte con ellos actividades deportivas y culturales, cumpleaños y reuniones informales.
3. Gánate el respeto de los demás. Delega y, a su vez, respeta la forma en que tu gente enfrenta el trabajo. Hazles sentir que son seres juiciosos e inteligentes, con capacidad de decisión.
4. Da crédito a los demás cuando lo merezcan y evita favoritismos.

5. Cumple tus promesas, respeta las reglas y sé congruente en lo que piensas, dices y haces.
6. Demuestra tus habilidades profesionales y de liderazgo y tu alto nivel de conocimiento empresarial. La confianza nace de la admiración.

Consolidar la confianza es un proceso gradual, una larga cadena de experiencias positivas que toma tiempo para fortalecerse.

Para terminar me gustaría recordar la famosa frase del historiador romano Tito Livio, que dice: "Generalmente ganamos la confianza de aquellos en quienes hemos depositado la nuestra". Seamos los primeros en demostrar lo mucho que confiamos en la gente y en sus capacidades.

Trabaja en equipo y vence los juegos territoriales

Triste es no tener amigos, pero más triste debe
ser no tener enemigos, porque el que enemigos
no tenga, señal es que no tiene: ni talento que
le haga sombra,
ni carácter que impresione,
ni valor temido,
ni honra de la que murmuren,
ni bienes que se le codicien,
ni cosas que se le inventen.

JOSÉ MARTÍ

JUEGOS TERRITORIALES

¿Te acuerdas cuando jugábamos el juego de las sillas? ¿La emoción que daba correr alrededor hasta conseguir sentarnos en una? ¿Y la decepción al quedar de pie? De adultos seguimos jugando el mismo juego, sólo que un poco más rebuscado, ya que no se trata de sillas sino de defender nuestro territorio físico, económico, social o emocional.

Desde la prehistoria, los seres humanos hemos marcado nuestro entorno para protegernos, cuidar a los seres queridos, asegurar la comida o un pedazo de suelo. En pocas palabras, para sobrevivir. Está en nuestra naturaleza. Para defenderse, los hombres de las cavernas se valían de gritos y amagos de violencia que no siempre resultaban eficaces. Un día alguien brillante descubrió que trucos como la colocación de calaveras con antorchas alrededor de sus cuevas, ahuyentaba a los intrusos de manera efectiva. El territorio, entonces, quedaba marcado.

El territorio no es sólo espacio también es información, relaciones o autoridad. Aparte de nuestra familia, el trabajo es uno de los territorios que más nos preocupa cuidar. Pero los trucos para protegerlo han cambiado, se han hecho más sutiles y poderosos. Imagínate: ¿Qué sentiríamos si nuestro proyecto se lo asignaran a otro? O si un compañero publica una información que considerábamos confidencial. O, considerando que llevas años en la empresa, si ascienden a la gerencia a alguien que acaba de entrar. Esto crea una urgencia territorial que nos lleva a participar en varios juegos.

Todos reconocemos los juegos territoriales de los demás, pero pocos estamos concientes de los propios. El peligro es que nos enganchemos en la tarea de vigilar los juegos de los demás, o defendernos de lo que percibimos como amenaza, y nos olvidemos de las verdaderas metas.

Según la experta en comunicación empresarial Annette Simmons en su libro *Juegos territoriales*, hoy se utilizan distintos tipos de juegos territoriales o mecanismos de defensa que tienen como meta ganar poder, a través de una serie de comportamientos y acciones que confunden y dominan.

Lo curioso es que muchas veces no nos damos cuenta de lo que hacemos y provocamos al defender nuestro territorio. El peligro es que estas acciones se vuelvan un hábito, además de que un juego siempre lleva a otro.

Así que a continuación te presento algunos de ellos:

1. EL JUEGO DE "ES MÍO"

Este juego puede jugarse con un proyecto, un equipo, una persona, el tiempo de la gente, sus conocimientos o su trabajo y se basa en el principio físico que dicta: "dos cuerpos no pueden ocupar el mismo espacio, al mismo tiempo". Algunos ejemplos:

- Cada vez que Juan necesita la sala de juntas para presentar su proyecto, Pedro se adelanta y la solicita aunque no la quiera para nada, con la idea de que Juan enseñe su trabajo en un lugar menos vistoso.
- Ana percibe que su jefe empieza a escuchar más a Jorge, su nuevo asistente, que a ella. Ana ocupa a Jorge en tareas fuera de la oficina sólo para alejarlo del jefe y destacar.
- Y algo que a muchos nos ha tocado ver: alguien que retiene información para darse importancia y convertirse en el único canal valioso de comunicación.

En general, quienes juegan este juego lo hacen para conseguir poder. Lo que puede obstaculizar el crecimiento de la empresa o cambiar la dinámica de la misma.

2. EL JUEGO DE "YO SÉ ALGO QUE TÚ NO SABES"

Este juego quizá te resulte familiar. Es el juego territorial más común y peligroso tanto para las personas como para las empresas. Consiste en manipular la información.

La información es un auténtico cuidador de nuestro territorio. Con frecuencia es más valiosa que los bienes tangibles. Estar informado es como tener un perro guardián. Ésa es la razón por la que tener acceso a ella o disponer de un contacto con autoridad sobre alguien que la maneje, garantiza poder.

La información es vital, lo que impulsa a algunas personas a jugar el juego de maquillarla o manipularla para obtener lo que quieren.

Hay varias maneras de jugarlo, como omitir información —que parece justificable, pero es igualmente dañino—, decir una cosa por otra, inventar o cambiar los números, esconder los problemas, decir "pequeñas" mentiras, confundir los horarios de la junta para que alguien no asista, pedir favores a cambio de datos, apropiarse del crédito de un proyecto, enredar o sacrificar el bien común para fines personales. ¡Lo preocupante es que cuando lo jugamos, podemos llegar a pensar que en verdad no mentimos, que sólo hacemos lo necesario para sobrevivir!

3. EL JUEGO DE "TE ASUSTO"

Consiste en amedrentar al enemigo en una batalla desafiante, pero —ojo— no a muerte. Se parece a la manera en que los animales marcan su territorio. Quien lo juega levanta la voz, da un manotazo, echa una mirada fulminante, hace un gesto de desesperación que indica "¡vete o verás cómo te va!" Claro, siempre dentro de los límites de lo civilizado. Frente a su jefe, esta persona se comporta como los ángeles, mientras que por debajo del agua mantiene bajo control a sus colegas. ¿Conoces a alguien así?

Sobra decir que atemorizar a la gente hace que se pierdan ideas y proyectos creativos. Uno de los principales instrumentos usados para atemorizar es el sarcasmo, porque una burla bien colocada desarma al más seguro y causa humillación. Y responder de manera rápida, inteligente y sagaz, es privilegio de pocos.

4. EL JUEGO DE LAS "INFLUENCIAS"

Quizá también conozcas a alguien así. Un personaje peligroso por encantador, juega el juego de las influencias para formar relaciones que no se basan en la amistad, ni en la capacidad de compartir, ni en el afecto, sino en la necesidad de proteger un territorio. Cuidémonos de caer en sus redes.

Se trata de una persona agradable, buenísima para establecer relaciones con todo el mundo. Es el mago de los contactos. Es amigo de gente poderosa, de la que consigue favores con sólo levantar el teléfono. Siempre busca hacer amistad con la secretaria del jefe, con la finalidad de llegar a él más fácilmente. Adula a sus superiores. Con frecuencia consigue cargos importantes que no merece, quitando el puesto a individuos más capaces pero menos carismáticos.

La persona que juega este juego puede impulsar el éxito de una empresa o hacerla fracasar, ya que su enorme habilidad logra manipular, intimidar, impresionar o amenazar a otros. Su interés básico es construir relaciones para ganar poder. Con frecuencia bloquea iniciativas o detiene el cambio, por temor a perder terreno.

Este juego de las influencias es fácil de justificar porque ofrece muchos aspectos positivos mientras no se abuse de él o se juegue para destruir o ganar algo inmerecidamente.

Lo interesante es que, en la mayoría de los casos, como pudimos ver, no nos damos cuenta de que formamos parte del juego y de que alguien nos manipuló para entrar a él. No elegimos estar ahí, pero ahí estamos y con frecuencia por temor. Nuestro reto es determinar si hemos caído en la red para proteger nuestro territorio psicológico y, por tanto, hemos hecho a un lado lo verdaderamente importante.

5. EL JUEGO DEL "OBSTÁCULO FANTASMA"

Este juego es pasivo, más que agresivo. Quien lo juega bloquea los esfuerzos de los demás con obstáculos difíciles de comprobar. Por lo general, la persona aparenta que se compromete de verdad. Finge apoyarnos mientras en realidad sólo nos da largas y evasivas. Por ejemplo, "voy a consultar con mi jefe", "mi jefe dice que no se puede", "están valorando su propuesta". El mecanismo de este juego es de oportunidad. Mientras más tiempo pasa, más destructivo puede ser. Y mientras la persona le echa la culpa a un superior, gana y se cubre al mismo tiempo. Es la resistencia que nadie ve. Quien construye este obstáculo fantasma, sólo se justifica.

Las personas que manejan tal mecanismo, usan trucos mágicos que pueden hacernos enloquecer. De pronto aparece un obstáculo que retrasa la aprobación de un viaje o un presupuesto, o entregan los proyectos a la persona equivocada, o no pasan el recado o el memo, dan equivocada la hora de la junta o nos dicen "yo te ayudo" y en el momento preciso, "¿qué crees? Siempre no, no puedo porque tengo que salir", o "mi jefe no me dejó".

Cuando perdemos uno de estos juegos, pasamos tiempos difíciles tratando de probar el bloqueo invisible. Por lo general permanecemos callados, con gran frustración. Porque el agresor es como aquel que tira la piedra y esconde la mano.

6. EL JUEGO DE "SÍ PERO NO"

Como es de suponerse, éste es un juego de mentiras que consiste en aceptar involucrarse en proyectos o trabajos sin la menor intención de mover un dedo. La persona que lo juega sólo busca ganar tiempo para escaparse y quedar bien al mismo tiempo.

Generalmente lo juegan quienes encuentran dificultades para decir "no", entonces dicen "sí" a sabiendas de que no cumplirán. Les interesa mucho proteger su reputación como alguien que participa. "¿Le dije que lo tendría listo el viernes? Perdón, es que se me atravesó…" "¿Prometí llamarte en la tarde? Es que llegó mi jefe y…" Los jugadores son expertos en excusas convincentes, y podríamos decir que les divierte hacerlo. Piensan que es más fácil pedir perdón más tarde, que confrontar a la persona y decirle "no".

Para que el juego del "sí pero no" tenga éxito, requiere de una buena excusa. Lo que hay que distinguir es si se trata de una excusa o de una disculpa, pues las disculpas piden el beneficio de la duda.

Este juego es muy efectivo para quien lo pone en práctica y desgastante para los demás. Fácilmente se convierte en un hábito que no lleva a nada, sólo perjudica a la empresa y a terceros.

7. EL JUEGO DE "¿A QUE NO TE CREEN?"

La credibilidad es de suma importancia para adquirir, mantener y proteger territorios. Todos hemos comprobado cómo dos personas pueden decir lo mismo y recibir respuestas absolutamente diferentes, lo que depende de su nivel de credibilidad.

Descalificar a un oponente es algo que una persona puede hacer para mantener su trabajo. Hay varias formas de lograrlo. Además de las evidentes —como hablar mal de la persona o inventarle un chisme—, pueden practicarse formas más sutiles, como una mirada de sorpresa frente a algo que dice el oponente, un gesto de desaprobación, o esconderse tras un sentido del humor "inocente".

Cuando una persona siente que su trabajo es amenazado por otra, suele ocultarle información o desacreditarlo de manera indirecta, a veces con una palabra o una actitud que oscurece la precisión de la información en un equipo de trabajo.

8. EL JUEGO DE "TE IGNORO"

Este juego alienta en todo ser humano la necesidad de pertenecer. A tal grado que muchas personas cambian su forma de ser y de pensar para evitar que las ignoren. Si cabe la menor duda, basta con recordar la adolescencia. ¿Cómo nos sentíamos cuando no éramos invitados a la fiesta?

Excluir es un arma muy poderosa. Porque, por instinto, los seres humanos no nos quedamos donde nos sentimos rechazados.

Hay muchas maneras sutiles de hacer sentir excluida a una persona. Hacerle la vida difícil, no contestar sus preguntas, no obedecer sus órdenes o no tomarla en cuenta.

Esto destroza silenciosamente o puede disparar respuestas agresivas. Hay ocasiones en que la persona tiene que gritar: "¡Oiga, soy la gerente!", mientras que los demás ignoran tranquilamente el organigrama.

Sea el juego de "te ignoro" encubierto o no, rara vez se discute. A todos nos da pena ir a quejarnos: "¡Aaay, es que no me hacen caso!", como si fuésemos un niño con el que nadie quiere jugar.

Ahora que hay tantas empresas que se fusionan, es muy común que surja este juego que intenta proteger el territorio.

También se puede jugar al "te ignoro" de manera no verbal. Dando la espalda, dejando a alguien con la mano tendida, pasando sin saludar o fingiendo que no oye a la persona que le habla.

Lo más triste de esto, es que mucha gente lo tolera, lo soporta, porque le da pena defenderse. Y los que se dan cuenta del trato que se le da a un tercero, no hablan de ello por temor de que los traten igual.

¿QUÉ HACER FRENTE A LOS JUEGOS TERRITORIALES?

> *Un hombre no es vencido por sus oponentes sino por sí mismo.*
>
> JAN SMUTS

Muy bien. Sabemos que la territorialidad existe. Annette Simmons, experta en el tema, sugiere:

- Primero que nada, es necesario estar conscientes de que todos jugamos juegos territoriales, solos o combinados, y que para corregir esto tenemos que conocernos, entender por qué y cuándo adoptamos estos mecanismos. La respuesta surge de la reflexión, viene del interior. Lo siguiente es remediarlo.
- Después toca analizar. Entender por qué las personas que participan en los juegos han decidido que ésa es la mejor manera de sobrevivir. Qué territorio necesitan defender, qué temen, qué desean y qué las hace sentir frustradas.
- Si queremos cambiar a los demás, debemos predicar con el ejemplo. Reflexionar en qué juegos nos involucramos y por qué. Enfoquemos el tema como algo natural, humano y qué es posible corregir.
- Hacer una lista de propósitos no funciona para cambiar una conducta. Si así fuera, todos pagaríamos lo

que debemos, ninguna persona fumaría, todos haríamos ejercicio, etcétera. Lo mejor es predicar con el ejemplo, derribar las barreras, ya que así la información, la armonía y el trabajo fluirán.

- Si nos damos cuenta de que somos víctimas de uno de los juegos, lo mejor es enfrentar la situación y, con tranquilidad y respeto, hablarlo abiertamente. Recuerda que decir la verdad es un riesgo y provoca temor. Hay que cuidar que las preguntas no se tomen como acusaciones y llevar al otro a descubrir la solución sin que tengamos que mostrársela. Una vez que las personas hablamos con honestidad, el cambio de actitud sucede.

La solución propuesta no debe imponerse por la fuerza. Tiene que surgir de la convicción.

Al platicar con una persona, cuidemos ciertos detalles para facilitar el diálogo:

- No saquemos conclusiones sin antes analizar el problema.
- Responzabilicemos a las situaciones, no a la gente.
- Nadie debe sentirse atacado.
- Evitemos las generalizaciones.
- Respetemos la perspectiva de los demás.

Una vez discutido el juego territorial, las cartas están sobre la mesa. Por lo general, los juegos no funcionan cuando son descubiertos. Es un proceso irreversible. El hecho de admitir que existen, modifica la conducta. Sin embargo, no olvidemos que estamos tratando con las emociones más que con la razón; si un compañero continúa participando en estos juegos a pesar de todo, será necesario hablar con él y estar preparados para responder las tres objeciones típicas:

• Es culpa de los demás, por eso tengo que ser así.
• ¿Yo? Yo no estoy jugando a nada.
• Todos los demás lo hacen, por eso tengo que hacerlo.

Lo cierto es que nada es más productivo que trabajar con un equipo que ha derribado las barreras. Sus integrantes son creativos, están motivados y se comprometen con sus propias capacidades. La información fluye y el trabajo también. La recompensa hace que la lucha valga la pena. ¿No crees?

Aprende los secretos de una buena comunicación

No es suficiente saber lo que hay que decir, también hay que saber cómo decirlo.

ARISTÓTELES

COMUNICACIÓN EN LA OFICINA

¿Sabías que, de acuerdo con las investigaciones, 80 por ciento de las fallas en el trabajo se deben a la mala comunicación? ¿Y que nueve de cada diez problemas en las relaciones humanas tienen la misma causa, una comunicación deficiente?

El costo que pagan las empresas por un malentendido es a veces muy alto. Todos hemos escuchado historias que reflejan este problema, pues cada una de nuestras acciones o palabras, la manera de contestar el teléfono, de tratar un asunto delicado, de escuchar al otro o cómo saludamos, son formas importantes de comunicación.

Un amigo ingeniero me decía que al recibirse pensó que un título era todo lo que necesitaba para trabajar exitosamente, pero en la práctica, descubrió que se la pasa lidiando con la gente, para lo que nunca consideró que debía prepararse.

La forma en que nos comunicamos es la esencia de las relaciones humanas, de ahí que haya considerado prudente incluir este capítulo.

Tres puntos importantes que facilitan la comunicación en la oficina:

1. Propiciar un acercamiento personal entre compañeros de trabajo sin diferencia de rango o cargo.
2. Generar en la empresa un ambiente amigable para que exista la confianza de expresar ideas y sentirse escuchados.
3. Tener un medio interno de comunicación, ya sea a través de juntas, de una publicación impresa, correo electrónico o actividades específicas.

Cuando en una empresa se aplican estos tres puntos, como lo vimos anteriormente, los rumores se reducen al mínimo y la confianza de la gente aumenta, lo que se refleja directamente en la productividad del personal. Por lo que a continuación conoceremos distintas posibilidades de comunicación.

CAUTIVA CON TU PLÁTICA

A veces hablamos mucho y decimos poco. Para expresar más, conviene pensar más.

HONORATO DE BALZAC

Algunas personas verdaderamente nos cautivan con su charla. Son líderes naturales que atraen con una especie de irresistible imán.

Si nos fijamos cómo lo hacen distinguimos que:

- Tienen sensibilidad para reconocer el momento oportuno para decir las cosas.
- Poseen habilidad para expresar en palabras sencillas ideas complejas.
- Organizan sus pensamientos de manera que al exponerlos suenan claros y ordenados.
- Modulan la voz y enfatizan con el tono, ideas importantes.
- Usan metáforas e historias para ejemplificar.
- Saben escuchar y se interesan por los demás.
- Permiten que otros expongan sus ideas.
- Ven a los ojos al hablar (muy importante).
- Adaptan su lenguaje de acuerdo con la audiencia.
- Hacen sentir cómodos a los que están a su alrededor.
- Están abiertos a la retroalimentación.
- Su lenguaje corporal es congruente con sus palabras.
- Dicen lo necesario. Es mejor menos que más. La mayoría de los errores en la comunicación ocurren cuando hablamos en exceso.
- Tienen sentido del humor (fundamental en la vida).

En nuestras manos está cautivar con la conversación. Es cosa de poner en práctica estos principios.

LA MAGIA DE LAS PALABRAS

> *Instruirse siempre. Éste es el verdadero alimento del alma.*
>
> CICERÓN

Mediante las palabras podemos nombrar a nuestros seres queridos, describir el mundo en que vivimos, expresar alegría, amor, pasión, entusiasmo, tristeza; transmitir pensamientos, razones, ideas. Mientras más palabras conozcamos, mayor será nuestro universo. La forma en que nos expresemos dice mucho de lo que somos, en especial de nuestra educación y formación.

Las palabras motivan, persuaden, impulsan, construyen y pueden generar todo lo contrario. Las palabras no se las lleva el viento: troquelan formas de vida.

Hace poco, un notable periódico preguntó a los escritores renombrados cuál era su libro favorito. La mayoría señaló que era *Don Quijote*.

Miguel de Cervantes utilizó cerca de veinte mil vocablos para narrar esta maravillosa historia. ¡Hoy en día, algunos estudios muestran que no somos capaces de utilizar ni siquiera mil palabras! Lo que reduce también nuestra capacidad de disfrutar ya que, como dice mi amigo Germán Dehesa, "sólo es nuestro aquello que podemos nombrar".

CÓMO AMPLIAR NUESTRO VOCABULARIO

- Sin duda, es la lectura lo que más abre ventanas al conocimiento. ¿Qué te gusta leer? De acuerdo con nuestra circunstancia y momento, un libro puede gustarnos o no. Un amigo que lee muchísimo me dijo: "Piensa cuántos libros hay y los años que vas a vivir. Sería imposible que leyeras todos, así que lee lo que te gusta; si un libro te cansa, déjalo y después intenta retomarlo; pero no te estanques, lo importante es leer siempre". Creo que tiene razón.

- Otra forma de mejorar nuestra expresión verbal es prestar atención a quienes consideramos que hablan bien y seguir su ejemplo.

- Aprendamos también de los que pensamos que hablan mal, evitando imitarlos. Por ejemplo: de quienes agregan una "s" al final de ciertas formas verbales: fuiste, dijiste, hiciste; o agregan una "n" a la palabra nadie, "nadien". Por increíble que parezca, me ha tocado escuchar estos errores en boca de grandes ejecutivos, lo que afecta su imagen.

- Los diccionarios, además de útiles, son interesantes. Cuando vayas a una librería, observa la cantidad de diccionarios que existen, los hay en torno a todos los temas. El diccionario de sinónimos es una excelente herramienta para expresarnos con variedad.

- Las muletillas como "¿me entiendes?", "¿no?", "o sea", "si güey", "ya sabes", "este", "digo", "qué buena onda", son el reflejo de un lenguaje limitado.

- Por más doctos que seamos en nuestro tema, evitemos usar tecnisismos que los demás no entiendan. Un amigo que hace videos institucionales me cuenta que al grabar en una empresa le dijo al camarógrafo: "Se está quemando el escritorio". El dueño de la oficina palideció.

Para quienes hacen videos, "quemarse" significa tener demasiada luz.

- Hay anglicismos que se han ido filtrando en nuestro vocabulario, sobre todo palabras técnicas para las que no existe traducción. Esto es normal e inevitable. Sin embargo, evitemos aplicarlas en la conversación cotidiana.

CONÉCTATE CON LAS PERSONAS

La forma en que hablamos tiene que ser sencilla para que el mensaje llegue claramente. Tener ideas brillantes no es suficiente.

Un profesor universitario de psicología habla de su experiencia: "Muchas de mis cátedras tenían temas interesantes para los alumnos, así que el auditorio se llenaba por completo. Sin embargo, era una decepción ver que, conforme hablaba, la gente se salía, hasta que quedaban unos cuantos alumnos. Siempre los mismos. Tuvo que pasar mucho tiempo para que, gracias a los comentarios de un amigo, descubriera que el problema estaba en la forma en que exponía. Me costó trabajo cambiar de estilo. Sin embargo, probé expresar mis ideas de una manera más sencilla y humana y de inmediato noté la diferencia". Hoy es uno de los catedráticos más solicitados en importantes universidades del país. Aprendamos de su experiencia. Hablar de manera sencilla nos conecta con los otros.

NO ES LO QUE DICES, SINO CÓMO LO DICES

La voz es el alma del discurso.

JEAN-JACQUES ROUSSEAU

La voz es un termómetro confiable que revela estados de ánimo, salud y mucho de nuestra personalidad.

Cuando decimos que alguien tiene una gran voz, es probable que reúna estas características:

- Se le entiende con facilidad y pronuncia bien cada palabra.
- Su ritmo es pausado, confortable; no se apresura ni se atropella.
- Respira entre frase y frase.
- Proyecta entusiasmo.
- Apoya la voz en el diafragma y no en la garganta; no es nasal.
- Habla con un volumen controlado.
- Cambia de tono según la idea. Maneja el poder de la intención.

Aunque no todos nacimos con el don de poseer una voz hermosa e impactante, la podemos educar. Lo esencial es darle a cada palabra la importancia y el valor que merece. Observa cómo, de acuerdo con la entonación, el significado de lo dicho cambia. Lee en voz alta la palabra "ay". ¿Cómo la dirías si alguien te pisa? ¿Si ves que alguien patea a un cachorrito? ¿Cuándo alguien te hace enojar? ¿Cuándo ves pasar a Catherine Zeta Jones o a Tom Cruise? Es distinto, ¿verdad?

El énfasis y la entonación que damos a las palabras cambia por completo el mensaje.

Muchas veces no nos enojamos por lo que nos dicen sino por ¡cómo nos lo dicen! ¿No crees?

PARA MEJORAR LA VOZ

- Lee en voz alta y graba tu voz. Escucha cómo suena al conversar o cuando contestas el teléfono. Aunque a la mayoría de la gente nos desagrada y sorprende oír nuestra voz, es la mejor forma de mejorarla.
- Si los resultados no son favorables, despreocúpate, busca el apoyo de un foniatra o un maestro de canto que te enseñe a respirar correctamente, a proyectar y colocar la voz de manera que cuando hables sea grato escucharte.

Con una voz bien modulada ganamos confianza en nosotros mismos y mayor impacto al transmitir nuestras ideas.

¿ME ESCUCHAS?

Recordad que la naturaleza nos ha dado dos oídos y una boca para enseñarnos que más vale oír que hablar.

ZENÓN

¿Alguna vez has puesto cara de estar escuchando mientras tu mente está en el otro lado del mundo? Creo que todos lo hemos hecho, y desde luego nos damos cuenta cuando otros lo hacen. La realidad es que esto levanta muros entre las personás.

Cuando sentimos que alguien nos escucha, lo agradecemos infinitamente y sentimos ganas de corresponder. Además por naturaleza buscamos esa compañía y nos abrimos con facilidad.

En el trabajo, al escuchar con atención a las personas las entendemos mejor, sabemos qué desean, a qué le temen o qué les enoja. Y esto es básico para crecer profesionalmente. ¿El resultado? La gente nos aprecia más y busca nuestro consejo.

Quedarnos callados mientras el otro habla no es precisamente escuchar. Para escuchar se necesita tener una de las siguientes intenciones: entender, disfrutar, aprender o prestar ayuda y consuelo.

Ponemos cara de "te estoy escuchando" con más frecuencia de lo que quisiéramos, y la verdad es que no tenemos la menor intención de atender lo que nos dicen. Lo que nos interesa es otra cosa. Por ejemplo:

- Ponemos cara de interés para caerle bien al otro.
- Sólo estamos alertas para ver si existe el peligro de que nos rechacen.
- Escuchamos sólo la parte de la información que nos interesa e ignoramos el resto.
- Compramos tiempo mientras preparamos nuestro siguiente comentario.
- Buscamos los puntos débiles del argumento para tener municiones y poder atacar.

- Queremos percibir si estamos creando el efecto buscado.
- Medio escuchamos porque es lo que hace una buena persona.
- A veces lo hacemos cuando no sabemos cómo escapar de la situación sin ofender a la persona.

Como ejercicio, identifica a una persona con la que quieras relacionarte mejor. En cada encuentro, escucha sus ideas y analiza cuál es tu intención al escucharla: entender, disfrutar, aprender o ayudar. Los hábitos se forman con la repetición. Si continúas este ejercicio durante una semana, te aseguro que automáticamente mejorará tu capacidad de escuchar.

BLOQUEOS

Hay varios bloqueos que no impiden escuchar. Si reconoces que utilizas uno o varios de ellos, no te preocupes. Lo importante es estar consciente de su existencia para corregirlos.

- *Compararnos*. Es difícil escuchar mientras nos comparamos con el otro. Nos distraemos pensando en algo como: "¿podré hacerlo igual de bien?", "yo la he pasado peor, no sabe lo que es pasarla mal", o "mis hijos son mucho más inteligentes". En estos casos, es imposible que la información nos llegue.
- *Ensayamos*. No nos da tiempo de escuchar si, cuando el otro habla, ensayamos lo que responderemos. Hay

quien piensa en cadena de respuestas: "le diré esto, entonces me contestará aquello y yo diré…"

- *Juzgamos*. Las etiquetas siempre son negativas. Si de antemano decidimos que alguien es tonto, incapaz o está loco, lo descartamos y no pondremos atención a sus palabras.
- *Soñamos*. Medio escuchamos cuando, de pronto, algo que dice la persona dispara una cadena de asociaciones personales… Y ya nos fuimos.
- *Identificamos*. Relacionamos todo lo que nos dicen con algo que pensamos, sentimos o ya nos ocurrió. Y por estar jugando vencidas con nuestras historias, no escuchamos nada.
- *Aconsejamos*. Nos convertimos en psicólogos baratos. Apenas escuchamos unas cuantas frases y ya estamos dando un sabio consejo que, además, no nos ha sido solicitado.
- *Descontamos*. Cuando la persona empieza a hablar, nos anticipamos a lo que va a decir y la callamos con una frase. Por ejemplo: "¡No!, ¿otra vez con la misma cantaleta?", o "¿cuándo vas a entender que te debes salir de ahí?" De inmediato, la conversación comienza a regirse por patrones o lugares comunes que pueden provocar la molestia del interlocutor.
- *Desviamos*. Este bloqueo lo hacemos cuando por aburrimiento, incomodidad o falta de interés, cambiamos el tema o hacemos un chiste para evitar enfrentar el momento.
- *Estamos de acuerdo con todo*. "Sí, sí, absolutamente". "Tienes razón". "Claro". Queremos caer bien y que la gente nos quiera, y entonces nos manifestamos de

acuerdo con todo lo que el otro dice. Y lo cierto es que no nos involucramos lo suficiente.

La clave para una buena comunicación, tanto en el trabajo como en lo social, es hacerle sentir a la persona que su opinión es valiosa e importante. Y esto lo transmitimos cuando escuchamos realmente.

LA IMPORTANCIA DE LA RETROALIMENTACIÓN

Dar un consejo después del daño, es como dar medicina a un muerto.

PROVERBIO ESPAÑOL

¿Cómo lo hice? ¿Voy bien? ¿Te gustó? Estas preguntas no sólo las hacemos de niños. A lo largo de la vida quizá no las exteriorizamos, pero las seguimos pensando. Necesitamos de la retroalimentación para cualquier tipo de aprendizaje. Y como el aprendizaje determina el éxito en la vida, es éste el mejor regalo que le podemos dar a alguien. ¿Podríamos haber aprendido cosas esenciales como hablar, caminar, leer o escribir sin que alguien nos dijera "¡qué bien vas!", "tú puedes", "mira qué bien te salió"? Probablemente no.

Sólo que este regalo lo podemos dar y recibir en muchas presentaciones: a veces viene en una envoltura preciosa, como el elogio sobre nuestro desempeño. Otras, en una caja de cartón bien presentada, como un suave recordatorio de nuestras fallas. Y en ocasiones en paquetes muy feos y difíciles de abrir, como los regaños acompañados de una fuerte crítica. Sin que importe la presentación, en todas las cajas podemos encontrar un regalo si lo sabemos buscar.

Hay una fábula africana que lo ilustra y que comparto contigo.

El primer hipopótamo que pisó la Tierra, tenía la piel cubierta de un tupido pelaje y una melena tan abundante que sólo era superada por la del león. Al hipopótamo le gustaba pasearse frente a todos los animales y, orgulloso, presumir su gran belleza. Las noches le disgustaban porque la oscuridad ocultaba a los demás su gran abrigo.

Como su gran piel lo mantenía abrigado, no necesitaba dormir junto al fuego como lo hacían los otros. Pero como la luz de la lumbre iluminaba su piel, el hipopótamo comenzó a dormir cada vez más cerca y más cerca de la fogata para que los demás animales pudieran admirarlo. Un día, el león le advirtió que no durmiera tan cerca del fuego, y el hipopótamo pensó: "El león está celoso de que todos los animales puedan ver mi piel de día y de noche". El chacal estaba preocupado también, y a pesar de su inteligencia, se lo dijo torpemente. "Tú, zoquete peludo —le dijo el chacal—, una noche de éstas tu orgullo inflado te traerá problemas". El hipopótamo se indignó. "Cómo se atreve a hablarme así. Cuando aprenda a tratarme con respeto quizá le haga caso. Además, ¿quién es él para advertirme?"

Como era previsible, una noche el hipopótamo se acercó demasiado a la lumbre y su hermoso abrigo de piel se quemó. Corrió desesperado hacia el río, pero era demasiado tarde. Al amanecer, el hipopótamo salió del agua y vio con pena la rugosidad de su piel. "Si sólo hubiera escuchado al león y al chacal", no cesaba de decirse. Y desde entonces pasa los días enteros sumergido en las aguas del río para que los animales no vean su fealdad y sólo sale a comer al amparo de la noche.

¿Cuántas veces, al igual que el hipopótamo, nos resentimos y quejamos al recibir comentarios aparentemente negativos de un superior, un familiar o un extraño? Sencillamente tiramos el regalo porque nos disgusta la envoltura. En ocasiones, el problema no es la envoltura sino el mensajero. Ciegos a la dádiva, sospechamos de la persona que nos critica, sea porque lo consideramos inferior a nosotros o porque pensamos que sus comentarios negativos vienen de la competitividad o los celos.

La vida nos va enseñando a ser menos soberbios y a abrirnos a la opinión de cualquiera. Ella puede ayudarnos a ver las cosas desde otra perspectiva. Aunque podríamos preguntarnos si esa persona basa sus juicios en información equivocada. Aun así es un regalo. Gracias a ella nos damos cuenta de que quizá nos falta comunicarnos mejor con los demás.

El regalo no siempre vendrá bien envuelto y con moño rojo. En ocasiones abrimos la caja y lo primero que encontramos son papeles y más papeles, y nos preguntamos dónde está el regalo. Lo mismo sucede con la retroalimentación cuando viene en forma sarcástica, burlona o generalizada. Nos cuesta mucho trabajo encontrarla. Sin embargo ahí está y lo mejor es tomar el asunto como un juego hasta que logremos descubrirla. Así que recordemos:

- Sin que importe el tipo de comentario, reconozcamos que es un regalo que a nosotros nos toca descubrir y agradezcamos siempre a la persona por ello. Cuando decimos cosas como "gracias por hacérmelo ver", la desarmamos y crecemos ante ella.
- Descubramos y aceptemos el regalo. Para esto, hay que hacer muchas preguntas y escuchar con atención y humildad las respuestas. "Quiero entender bien lo que me dices, ¿por qué crees que…?" "¿Dónde consideras que está el error?" Cuando la persona advierte que tomamos en serio sus comentarios, se siente halagada. Esto mejora la relación y la calidad de la retroalimentación futura.
- Pongamos en palabras, en un resumen, lo que entendimos. Si se puede, mencionemos cómo pensamos sacar provecho del regalo que el otro nos acaba de dar.
- Cuando pongamos en práctica lo que aprendimos, hay que hacerle saber a la persona lo mucho que nos ayudó. Esto mantiene abiertas las puertas para obtener más y mejor retroalimentación en el futuro, lo que sin duda ayudará a nuestro crecimiento al convertir las piedras del camino en rampas de lanzamiento.

CÓMO TRATAR UN ASUNTO DELICADO

Cuida tus palabras, que ellas no levanten un muro entre ti y los que contigo viven.

TALES DE MILETO

Hay momentos de tensión en los que debemos decir a cierta persona algo que nos cuesta trabajo. Como cuando tenemos que despedir a un empleado, reconocer un error, dar una mala noticia, presentar una renuncia, pedir un favor o felicitar a un oponente. En esos casos, lo que decimos y cómo lo decimos es muy importante. Y en situaciones como ésas por lo general el cerebro se nubla, la lengua se enreda y nos arrepentimos al escuchar las palabras torpes que salen de nuestra boca. Al menos a mí me sucede.

Cuando es obligatorio tratar un tema delicado, intuímos que debemos hacerlo con tacto. ¿Cómo manejarlo sin herir sentimientos, sin alterarnos, sin perder los estribos?

Si para resolver el problema sólo confiamos en nuestro instinto natural, sin prepararnos con anticipación, lo más seguro es que los resultados no sean exitosos.

Asimismo, no falta quien nos aconseje: "Sé tú mismo y no lo pienses mucho. Di lo que se te ocurra, déjate llevar". Tenemos la idea de que ser honestos equivale a ser espontáneos y de que mientras menos pensemos las ideas mejor saldrán las cosas. Grave error. ¡Cuántas veces nos hemos arrepentido de hacer esto!

¿POR QUÉ PENSAR ANTES DE HABLAR?

Éstos son algunos consejos de los expertos:

- Hablar honestamente no significa hablar sin pensar.
- Quitémonos de la cabeza la idea de que lo espontáneo es lo mejor. No sólo es válido prepararnos para hablar, sino que es la única manera de hacerlo bien.
- Hay que elegir las palabras correctas.

Cuando se trata de cerrar un negocio importante nos preparamos, hacemos una lista de puntos a discutir, tenemos claro lo que esperamos del otro y consideramos las posibles objeciones. Entonces, ¿por qué no armar un guión? Así como un actor estudia sus líneas, su tono de voz o su lenguaje corporal, necesitamos ordenar y planear con cuidado lo que diremos en tales circunstancias.

Comparto contigo una fórmula muy eficaz, creada por expertos en comunicación asertiva, que se llama Guión DEEC. Las iniciales indican los cuatro pasos a seguir y no estarían mal memorizarlos:

- *Describe*. Primero, en la forma más simple, objetiva y específica; hay que describir la conducta que nos molesta. Al hacerlo, hay que ver a los ojos a la persona. Por ejemplo: "Ayer llegaste tarde a trabajar. No avisaste por teléfono, como quedamos". Hasta aquí, el otro tiene pocas bases para discutir. Simplemente estamos describiendo el problema sin acusar de nada, sin tratar de adivinar los motivos, sin decir "seguro que te levantaste tarde", o algo así. Este tipo de acusaciones sólo provoca protesta y enojo.

- *Expresa*. Después hay que decir lo que pensamos o sentimos. Podemos usar palabras como: "Esto me hace pensar que…" Debemos hablar con claridad y moderación, sin ser sarcásticos ni explotar emocionalmente (esto es lo más difícil). Agregar: "Cuando haces esto me preocupa el compromiso que hicimos sobre la puntualidad". Estas palabras describen cómo me siento cuando tú haces algo. No provocan enojo en el otro; por el contrario, apelan a su comprensión. Las palabras que condenan como: "Eres un irresponsable, me haces enojar", prenden la chispa, y al abusar de ellas se desgastan y pierden efecto.

- *Especifica*. Ya que describimos lo que nos molesta y expresamos cómo nos sentimos. Hay que pedir, con claridad, una conducta diferente. Por ejemplo: "Te pido que llegues a tiempo y si surge un problema llames para avisar".

  Las investigaciones demuestran que los mejores resultados se obtienen cuando pedimos una sola cosa a la vez (esto también es difícil). Si lo que queremos es un gran cambio, más vale lograrlo paso a paso, con pequeños acuerdos mutuos.

  Usemos palabras concretas y específicas. De no hacerlo, la petición queda flotando.

- *Consecuencias*. En este punto, como en un contrato, hay que mencionar cuáles serían las consecuencias, positivas o negativas, en caso de llevarse a cabo o en el acuerdo. Siempre es mejor plantear las positivas. Podemos decir: "Me gustaría seguir confiando en ti".

Es mejor eso que intimidaciones como: "La próxima vez no entras a la oficina". El uso exagerado de amenazas es contraproducente, ya que si no somos capaces de cumplirlas perdemos credibilidad. Destaquemos lo positivo, describamos la recompensa por hacer esto o lo otro, de manera que motivemos a la persona a cambiar su conducta.

También es importante recordar que, al comunicarnos, lo mejor es hablar con palabras inclusivas, como nosotros, nuestro y evitar las que dividen: tú, yo, ustedes. Asimismo, debemos procurar que la plática se centre en los beneficios que la otra persona podría obtener. Durante la conversación, evitemos a toda costa que se sienta que al final habrá un ganador y un perdedor.

Utilicemos palabras agradables al oído como admiro, el mejor, experiencia, agradecido, ayuda, generoso, amor, progreso, orgullo, ingenioso, honor, esperanza, ejemplo, ética, colaboración, etcétera.

Por otro lado, evitemos palabras que de sólo escucharlas desaniman, como absoluto, en contra, enojado, política de la empresa, trampa, desastre, escape, fracaso, renuncia, obligatorio, estricto, tonto, accidente, aniquilado, retiro, obedecer, injusto, entre otras.

Asimismo, en la comunicación ocupan un lugar muy importante los gestos, el tono de voz y el lenguaje corporal. Así que atrevámonos a quitarnos las máscaras, a relajarnos antes de hablar, a escuchar con empatía y, sobre todo, a tratar los asuntos de la mejor forma posible.

Así que, en esos momentos difíciles en los que tenemos que tocar un punto sensible, no olvidemos preparar bien nuestro Guión DEEC. Es mejor describir, expresar y especificar cada punto. De esta forma, a todos nos quedará claro que cada uno de nuestros actos tiene consecuencias y nadie podrá poner de pretexto el clásico "no entendí lo que me quisiste decir".

LO INÚTIL DE UNA MALA CRÍTICA

Una vez le preguntaron a Óscar Wilde su opinión sobre una comedia de su autoría que, en general, había sido un fracaso. Él contestó sin inmutarse: "La comedia fue todo un éxito pero la audiencia fue un desastre".

La actitud de este gran escritor inglés frente a la crítica es una muestra de la naturaleza humana. Quizá estés de acuerdo conmigo en que, a la mayoría de nosotros nos cuesta trabajo ser autocríticos, por grandes que sean nuestros errores. Y cuando criticamos a una persona, lo común es que se ponga a la defensiva y trate de justificarse. Tengamos en cuenta que la crítica se vuelve peligrosa cuando hiere a las personas y despierta resentimientos.

Dice el psicólogo Hans Selye que "tanto como anhelamos la aprobación, tememos la condena".

Los científicos han comprobado que los animales aprenden más rápido y conservan las enseñanzas cuando se premia su buena conducta, y lo contrario ocurre cuando se les castiga.

Si en el trabajo o en el ambiente familiar criticamos a alguien, la persona, lejos de mejorar, se desmoraliza. Lo peor es que es muy probable que no corrija en nada la situación que le criticamos.

Si queremos despertar un resentimiento que dure años, basta con hacer una crítica punzante. Con eso es suficiente, por justificada que sea la crítica. Cuando tratemos con la gente, recordemos que somos seres emotivos, con prejuicios impulsados por el orgullo y la vanidad.

La historia cuenta que Thomas Hardy, uno de los notables novelistas que han enriquecido la literatura inglesa, dejó de escribir novelas para siempre por las críticas tan terribles que le hicieron en su tiempo. Asimismo, las críticas llevaron al poeta inglés Thomas Chatterton al suicidio.

Dice Dale Carnegie que: "Cualquier tono puede criticar, censurar y quejarse, y casi todos los tontos lo hacen". Pero se necesita carácter y dominio de sí mismo para ser comprensivo y saber perdonar.

En el momento de una gran falla, un gran hombre demuestra su grandeza en la forma en que trata al que falló.

Comparto contigo una historia que no he olvidado desde que la leí en el libro *Cómo hacer amigos e influir sobre las personas*, de Dale Carnegie (libro que, por cierto, te recomiendo).

Bob Hoover, famoso piloto de pruebas y actor de espectáculos de aviación, volvía una vez a su casa en Los Ángeles luego de un espectáculo en San Diego. Tal como se describió en la revista *Operaciones de vuelo*, un accidente ocurrió a cien metros de altura, al apagarse súbitamente los dos motores de la nave. Gracias a su habilidad, Hoover logró aterrizar, pero el avión quedó seriamente dañado, aunque ninguno de los ocupantes resultó herido.

Lo primero que hizo Hoover después del aterriza-
je de emergencia, fue inspeccionar el tanque de combustible. Como lo sospechaba, el viejo avión a hélice, reli-
quia de la segunda guerra mundial, había sido cargado
con combustible de jet, en lugar de la gasolina común
que consumía.

Al volver al aeropuerto pidió ver al mecánico que
se había ocupado del avión. Al joven, aterrorizado por
su error, le corrían lágrimas por las mejillas al ver que
Hoover se acercaba. Su equivocación había provocado la
pérdida de un avión muy costoso y pudo haber causado
la muerte de tres personas.

Es fácil imaginar la ira de Hoover. Es posible suponer la tormenta verbal que semejante descuido provo-
caría en el preciso y soberbio piloto. Pero Hoover no
reprochó nada al mecánico, ni siguiera lo criticó. En vez
de eso, echó un brazo sobre los hombros del muchacho
y le dijo: "Para demostrarle que estoy seguro de que nunca volverá a cometer el mismo error, quiero que mañana
se ocupe de mi F-51".

¿Cómo crees que reaccionó el joven? ¿Crees que
volvió a olvidar hacer lo correcto? ¿Qué tipo de fidelidad
se ganó Hoover de parte del muchacho?

La próxima vez que enfrentemos una situación
de falla, sea de un familiar o un compañero de trabajo,
recordemos esta anécdota. Y en vez de criticar, regañar
y levantar la voz, tratemos de comprender e imaginar
por qué las personas hacen lo que hacen. Eso es mucho
mejor y más inteligente que la crítica destructiva. Además, de una actitud así surgen la simpatía, la tolerancia
y la bondad.

Saber hacer y recibir una crítica es parte fundamental de la convivencia. Para evitar herir o para salir ileso, es preciso tener siempre presentes dos palabras: bondad y diplomacia. Al reprochar algo, la dignidad y la autoestima de la persona están en juego. Beethoven decía: "No conozco más signo de superioridad que la bondad".

Con frecuencia, un jefe tiene que evaluar el desempeño de sus empleados, y muchas veces él, o ella, no se percatan del peso que un comentario puede tener sobre el que lo recibe.

Si éste es tu caso, considera lo siguiente:

- Habla periódicamente con tu personal. Si existe un problema comunícalo a tiempo.
- Conviene primero preguntar: ¿Cómo consideras que van las cosas? ¿Tienes algún problema del que quisieras hablar? ¿Qué estás haciendo actualmente, cómo te sientes en la empresa? ¿Cuáles son tus metas?
- Es importante hacer la crítica siempre en privado. Criticar en público humilla y lastima. Aunque estemos muy contrariados, pensemos en el otro, en lo que siente, y pongámonos en su lugar. ¿Te ha tocado que, en una junta, alguien formule a un subalterno una crítica que haga sentir incómodos a todos los presentes? Queremos que nos trague la tierra y nos compadecemos de la persona regañada. Y quien queda mal es, por supuesto, el que critica, aunque tenga razón.
- La crítica debe hacerse directamente a la persona y no a sus espaldas.
- Explica por qué piensas que debe mejorar, cómo y en qué forma puedes apoyarlo.

- Trata un tema a la vez.
- Procura que tus palabras y actitudes hagan sentir a la gente que valora su esfuerzo y trabajo.
- Cuida las palabras que utilices.
- Permite que la persona se retire o dale una salida digna.

¿Conoces a alguien a quien quisieras mejorarle o modificarle algo? Yo también. ¿Por qué no empezar por nosotros mismos?

CÓMO RECIBIR UN REPROCHE DE FORMA POSITIVA

Reprender a los demás es muy fácil, pero es muy difícil mirarse bien a uno mismo.

SAN FRANCISCO DE SALES

Cuando nos toque enfrentar un justo reproche, podemos adoptar varias actitudes: quedarnos callados, justificarnos, culpar a otros o aceptarlo de una manera que hable de nuestra calidad humana.

Te comparto un caso real. Al licenciado Benítez, tan exigente consigo mismo como con los demás, le sucedió lo siguiente:

—Lupita, ¿qué pasa con mis reservaciones de avión?

—Licenciado, he llamado varias veces a su agente de viajes y no se reporta.

140

—Comuníqueme con él.

—¡Israel! ¿Dónde andas? ¡Es el colmo! Llevo todo el día hablándole y no se reporta. ¿Qué pasa con mis boletos?

—Ya tengo la tarifa licenciado, es de ocho mil cuatrocientos pesos más impuestos.

—Está usted loco. ¡Eso es carísimo!

El licenciado Benítez se comunica por el otro teléfono con la línea aérea y consigue los boletos por seis mil doscientos pesos. Con sarcasmo se lo informa a Isrrael; le dice que de ahora en adelante él hará sus propias reservaciones y le advierte que, si trata así a sus clientes, va a quebrar como todas las agencias de viajes, porque ahora con internet, ni quien las necesite.

Israel escucha con paciencia, lo deja terminar y al final le dice:

—Licenciado, tiene usted toda la razón, cometí un error. Tengo un grupo muy grande que atender y no puse la atención debida a su viaje. Usted merece un mejor servicio. Perdón. Espero que la imagen que conserve de mí sea la de quien le ha conseguido infinidad de veces las mejores tarifas, hoteles imposibles, descuentos y muchas cosas más. Ojalá no me juzgue por una ocasión en la que me equivoqué.

Por supuesto, el licenciado Benítez dobla las manos, se queda mudo y reflexiona. Comprende que se le pasó la mano con sus exigencias y sobre todo con la forma de expresarlas. En adelante continúa solicitándole sus boletos a Isrrael, quien a su vez procura no volver a fallar.

Todos podemos ser más comprensivos y humanos si nos lo proponemos.

- Cuando alguien nos haga una crítica general del tipo "no me gustó tu presentación", podemos solicitar un detalle específico de cómo y cuándo cometimos el error. Por ejemplo, decir algo así: "Entiendo que no te gustó mi presentación del informe. Me ayudarías mucho si me dices qué hice mal o cómo puedo mejorar".
- En caso de que alguien te critique públicamente, harás evidente tu inteligencia y elegancia si mantienes la calma. Puedes decir algo como: "Quizá tengas razón, ¿podríamos hablar del tema más tarde y en privado?" o "Es posible que existan algunos hechos que desconoces, pero me daría gusto platicarlo".

Con estas respuestas te ganarás el respeto de cualquier persona que te critique y ante todos reflejarás la clase que tienes.

CÓMO HACER UN ELOGIO EFECTIVO

El elogio es el más dulce de los sentidos.

JENOFONTE

- El elogio debe ser cálido y directo. Si no es sincero, es fácilmente detectable. Ejemplo: "Tus conocimientos sobre política exterior son brillantes". Lejos de creerle a la persona, uno piensa: bájale, bájale.

- Al elogiar no nos coloquemos en una situación superior. Como si dijéramos: "Bien, muchachito, muy bien". Por ejemplo: "Me gustó mucho tu presentación, sobre todo la forma tan clara de destacar los puntos más importantes".

- Pensar el momento y el lugar apropiados para dar el elogio. El elogio se agradece más cuando se hace frente a otras personas.

- Elogiar no debe ser pretexto para darle más trabajo a la persona o manipularla. Ejemplo: "Como eres tan bueno para la corrección de estilo, te pido que me corrijas este manual". El elogio debe ser un fin en sí mismo.

- Veamos este ejemplo: "Felicito al grupo porque contribuyó a que el proyecto se concretara". ¿Motivar? A las personas les gusta escuchar su nombre y ser reconocidas en particular. Es mejor decir: "El proyecto fue todo un éxito gracias al esfuerzo de Manuel, Lupita, Tere y Luis, quienes lograron terminarlo antes de lo esperado". Si son veinte, hay que mencionar a los veinte (fundamental).

- No aprovechemos el elogio a una persona para señalarle a otra su falta. Por ejemplo: "Pablo, fuiste muy responsable al terminar el trabajo antes de salir de vacaciones, ojalá así lo hubieran hecho todos, ¿verdad, Beto?" Además de que Pablo se sentirá incómodo, Beto tendrá una cuenta por cobrar.

  Mencionar aunque sea una pequeña falla después de elogiar, acaba con la alabanza. Por ejemplo: "Qué bonita te salió la fiesta, lástima que la comida estuvo un poco fría".

- Al hacer un elogio, señalemos el esfuerzo concreto. Es mejor decir: "Cristina, poner una tarjeta con un pensamiento en cada lugar es un bonito detalle", en vez de: "Cristina, eres muy detallista". Este comentario es vago y puede sentirse poco sincero.

"El más grande elogio es ser elogiado por alguien digno de elogio", dice el proverbio griego. Así que seamos generosos con las palabras; cuestan poco y logran mucho.

DECIR "NO" SIN MOLESTAR

> *La mitad de nuestras equivocaciones en la vida nace de que cuando debemos pensar, sentimos, y cuando debemos sentir, pensamos.*
>
> JOHN COLLINS

A nadie le gusta que le digan "no". En general sentimos decepción, tristeza, coraje y una gran impotencia cuando escuchamos una negativa, como "no te puedo dar el ascenso", "no quiero ir contigo", "no pasó tu proyecto", "ya no te amo". En ocasiones, la forma en que se nos da la noticia es peor que el mensaje en sí mismo.

Algunas veces el "no" merece ser tajante, directo y claro, como en algo que obligue a transgredir nuestros valores. Sin embargo, hay ocasiones, la mayoría, en que podemos decir "no" sutilmente, de manera que lastimemos lo menos posible al otro. Primero que nada, evitemos las tres formas más fáciles de decir "no":

1. *Sin tacto ni sensibilidad*. Por ejemplo: "No puede faltar porque no quiero". "No se lo presto, porque

no". Si escuchaste esto alguna vez, sabrás lo feo que se siente. Dar una negativa sin ofrecer razones, sólo crea resentimientos, distancia y rebeldía.

2. *Usar una mentira como pretexto.* Por ejemplo: "No puedo entregar el reporte. Fíjate que voy a estar fuera de la ciudad". Aunque la persona sienta que salió del paso, la verdad es que cierto tono de voz, un ademán o un gesto la pueden traicionar. Uno de inmediato se da cuenta y nos provoca gran decepción, además de que imaginamos mil razones mucho peores por las que la persona miente.

3. *Decir "sí" y no hacer nada.* Esta técnica es la más cómoda, la más frecuente y la más cobarde. ¿Cuántas veces la hemos escuchado? O lo que es peor, ¿cuántas veces la hemos usado?

Si tenemos claras nuestras prioridades, se nos facilitará decir "no" a las peticiones. Cuando sabemos que no vamos a poder o no deseamos formar parte de algo, más vale confrontar la realidad y expresarlo claramente.

Veamos cómo dar una negativa con tacto:

- *Es válido pedir tiempo para pensar.* Cuando podemos evaluar la decisión, es mejor evitar decir "no" de inmediato. En lugar de soltar torpemente un "no" cuando nos sorprende el asunto, es preferible decir "permíteme pensarlo y te aviso".
- *Expresar un "no" requiere delicadeza.* Hay que buscar la forma de decirlo positivamente para no herir la autoestima de otro. Por ejemplo, decir "no te vamos a incluir en el programa" es diferente a decir "en ver-

dad siento mucho no poder contar con tu experiencia en este proyecto". A pesar de la negativa, la persona queda tranquila.

- *Demos las razones antes de la negación*. Si lo que buscamos es que nos comprendan, con una actitud de respeto la otra persona podrá leer entre líneas y se dará cuenta de que la respuesta final será "no". Esto le permite reaccionar de manera apropiada.
- *Usa la técnica del disco rayado*. Cuando alguien se niega a aceptar el "no" y continúa discutiendo, pensemos en una sola frase que refuerce nuestra decisión. Todos hemos enfrentado la situación de negar un permiso, y la forma en que quien solicitó el permiso apela a nuestra conciencia, sentimientos o a concesiones anteriores, lo que puede hacernos flaquear. Seguramente te suena familiar el "por favor, te lo ruego, di que sí, ándale, ¿qué te cuesta?" En estos casos hay que preparar una frase y repetirla como disco rayado. Por ejemplo: "¿Me podrías cambiar tu fin de semana y trabajar el 3 y 4 en mi lugar?" Respuesta: "Qué pena, no puedo, tengo planes con mi familia". El otro: "Te pago con dos fines de semana". Respuesta: "Qué pena, no puedo, tengo planes con mi familia". Seamos firmes y amables.
- *Usa la técnica sándwich*. La tapa de arriba consiste en comenzar la respuesta en forma positiva, lo que muestra que hemos escuchado bien al otro. El relleno es la parte negativa del mensaje. Y la tapa inferior la constituye terminar una vez más positivamente para mostrar buena voluntad. Por ejemplo: "Te agradezco mucho la invitación, sin embargo tengo un compromiso que

no puedo cancelar. Me encantaría estar con ustedes en otra ocasión".

- *Ponte en su lugar.* Trata de hacer empatía con el otro, de modo que se sienta comprendido y no te identifique como el frío portador de las malas noticias. "Siento esta situación tanto como ustedes. Espero que los números del siguiente mes sean diferentes".

- *Tratemos siempre de dar el "no" personalmente.* Lo más fácil es escondernos detrás de memos, correos electrónicos, mensajeros o rumores. Mientras más delicado sea el asunto, más importante es abordarlo personalmente. De no hacerlo, la persona o el grupo no sólo quedará molesto con la noticia, sino con la falta de agallas que mostramos al no dar la cara.

Seamos fieles a nosotros mismos, aunque esto implique decepcionar al otro. Cuando tengamos que decir "no" y sintamos un nudo en el estómago y el deseo de posponer el mal rato, recordemos que alguna vez seremos nosotros quienes escucharemos el "no". Enfrentémoslo. Hagámoslo con clase y elegancia. Y recordemos que la forma puede ser más dañina que el fondo.

Dilo correctamente
por teléfono

No hay espejo que mejor refleje la imagen del hombre que sus palabras.

JUAN LUIS VIVES

¿CON QUIÉN HABLO?

El teléfono, en la época en que lo patentó Alejandro Graham Bell, causaba nerviosismo. La gente cuidaba su forma de expresarse, pues temía decir algo inapropiado o que el que escuchaba en el otro lado de la línea pensara que tenía una voz desagradable.

Qué bueno que el señor Graham Bell ya no puede escuchar cómo nos expresamos por teléfono. Ahora, más que nunca, es importante atender la forma en que usamos este instrumento en el trabajo. Desde el momento en que una voz responde, nos formamos una imagen completa de la empresa. Los estudios muestran que siete de cada diez clientes potenciales deciden no contratar un servicio después de la primera llamada que realizan, sea porque tardaron en contestar o les contestaron en tono descortés o apático. Así que considero prudente recordar algunos detalles.

LA VOZ

Sin duda conocemos personas que tienen una voz tan buena, tan entonada, que hablar con ellas es una experiencia agradable. Hay voces contentas y el hecho de oírlas nos anima el día. Otras, de tono indiferente y plano, nos desconciertan. Las voces cansadas nos hablan de personas hartas de su trabajo. Y hay otras con tal tono que un simple "bueno" nos provoca decir "perdón"; nos hace sentirnos intrusos, atrevidos, y nos nace el deseo de colgar de inmediato.

Si desde el primer momento nos hacemos una idea de la persona con la que hablamos, no debemos olvidar que al mismo tiempo ella nos está evaluando, así que cada llamada que hacemos es una oportunidad para causar un impacto positivo. La clave está en causar una buena impresión constantemente, para que quien esté del otro lado de la línea desee ser nuestro cliente o simplemente para ayudarle a que tenga un buen día.

Algunas recomendaciones

- Hagamos un esfuerzo por sonreír cada vez que suene el teléfono; sí, como si estuviéramos felices de escuchar su ¡riiing! Esto conseguirá que el "bueno" nos salga muy amable. La gente, aunque no ve nuestra sonrisa, la escucha.
- Causa muy buena impresión que el teléfono de cualquier negocio se conteste en los primeros avisos y que escuchemos una palabra amable antes o después del nombre de la empresa. Por ejemplo: "Periódico *El opor-*

tuno, buenos días". "¿En qué puedo servirle?" "Gracias por llamar", etcétera. Contestar "¿sí?", o, "diga", no ayuda en nada.

- Es muy importante la calidez y el entusiasmo con el que continuemos la conversación. "Luis, ¡qué gusto oírte!" Evitemos contestar: "Ah, sí, Luis, ¿qué tal? Dime". El tono de voz comunica que no nos importa la persona o bien que su llamada no es bienvenida. Si se trata de un cliente y sonamos como si acabáramos de despertar, seguro se irá con la competencia.

- Es muy desagradable que, al llamar nos dejen en el "bue…", porque en cuanto descuelgan escuchamos: "un momentito por favor", y un clic que nos pone a escuchar una tonadita por horas. Peor aún cuando escuchamos la conversación de la secretaria, o quien sea, con su compañera de junto: "¿Cómo la ves? Nunca lo hubieras imaginado, ¿verdad?" Y nosotros esperando en la línea a que el chisme termine. Evitemos hacerlo.

EL TRATO

No debemos olvidar que una llamada telefónica no deja de ser una interrupción y una intromisión en el muy ocupado día de cualquier persona.

- Démosle un cien por ciento de atención a quien nos llama; evitemos continuar haciendo cosas que requieren concentración. Por bien que intentemos disimularlo, la gente nota que estamos distraídos.

- Cuando hagamos una llamada preguntemos: ¿Es un buen momento para que platiquemos? Recuerda que una llamada no deja de ser una interrupción. Si se trata de asuntos personales hay quienes prefieren tratarlos fuera de su horario laboral.

- La espera desespera. ¿Qué tal cuando llamamos a un despacho de abogados y la conversación se desarrolla de la siguiente manera?: —Bolaños, García y asociados. —Con el licenciado García, por favor. —¿De parte de quién? —Del señor González. —Un momentito. Tuuu, tuuu, tuuu (musiquita) y al cabo de unos minutos otra señorita contesta y repite la misma cantaleta. —Un momentito. Y otra vez tuuu, tuuu. A veces la secretaria no explica que él sigue en una comida y nos pone a esperar mientras enlaza la llamada sin avisarnos. Después de diez minutos de aguardar, con lo que nos queda de paciencia, contesta el abogado como si nada, ni se enteró de nuestra espera. Cuánto mejor es que la secretaria nos diga: "No está en su oficina, pero permítame enlazarlo. ¿Puede esperar?" Eso nos hace sentir importantes y libres para decidir.

- Procuremos no hacer esperar a las personas en la línea. Nunca sabemos si la llamada es urgente o si están llamando desde Europa o un celular. Si es inevitable la espera, evita ponerle al teléfono una tonadita. ¡Son desesperantes y repetitivas! Si no cuentas con un sistema que pueda conectarle a una estación de radio para escuchar noticias o música clásica (o rockera si se trata de un negocio de internet o de publicidad), mejor deja el ¡incomparable silencio! Además no hay variedad en las tonaditas, ¡siempre ponen la misma!

- Si se trata de una empresa con muchos departamentos, se agradece que la operadora o recepcionista nos dé más información al contestar. Por ejemplo: "Contabilidad, le atiende Laura Sánchez, ¿en qué puedo servirle?". Al menos sabemos que entramos a la oficina adecuada. Evitemos la pérdida de tiempo que significa proceder de la siguiente forma —Bueno, —¿a dónde hablo? —¿A dónde quería hablar? —A la oficina del señor Juan López. —Sí, aquí es. —¿Se encuentra él? —¿De parte de quién? ¡¡¡Son horas!!!

- Asimismo, dar nuestros datos de inmediato ahorra tiempo. Por ejemplo: "Señorita, buenos días, habla el ingeniero Miranda de Royal Holiday Club, ¿podría hablar con la señora Flores?" Esperemos no nos toque una señorita despistada que nos diga: "Perdone, ¿me lo repite?" "¿Cómo dijo que se llama?" "¿De dónde?" También facilitamos las cosas si decimos: "Señorita, soy Luis Velasco y me estoy reportando a la llamada del licenciado Kuri".

- Si marcamos un número equivocado, disculpémonos amablemente, en lugar de colgar de manera brusca.

UN POCO DE PROTOCOLO

- Procuremos devolver una llamada lo más pronto posible.
- Las llamadas de negocios se hacen a la oficina, nunca a la casa.
- En las llamadas de negocios, seamos breves, vayamos al grano. (La gente que trabaja siempre está muy ocupada.)
- Si nos interrumpen mientras estamos en la línea, digamos: "Permíteme, tengo que ver algo", y disculpémonos al retomar la llamada.

- Si en nuestra oficina estamos con una persona que tiene cita, démosle la importancia debida. Evitemos atender primero a quien llama por teléfono. Cae muy mal. De tener que hacerlo, discúlpate.

- Si estamos de visita y la persona tiene que tomar una llamada urgente, evitemos quedarnos ahí viéndolo mientras habla. Si nos hace una seña para quedarnos, saquemos algo para leer o veamos hacia la ventana.

- Si la conversación toma un giro personal, hay que salirnos inmediatamente, haciendo una señal de que esperaremos afuera. La persona agradecerá nuestra sensibilidad.

- Cada vez que una llamada se corta, le toca volver a marcar a quién hizo originalmente la llamada, aunque el problema haya ocurrido en el otro lado de la línea.

- En un joven ejecutivo un detalle elegante consiste en que jamás llame a un directivo de mayor jerarquía mediante la secretaria. En caso de que lo haga, no debe permitir que el de mayor jerarquía sea el primero en ponerse en la línea.

- Al hacer una llamada, cuidemos el ruido ambiental. Procuremos que sea lo más tranquilo posible.

- Suena muy mal que quien contesta, antes de decir que la persona que buscamos no se encuentra, pregunte: "¿De parte de quién?" Da la impresión que está para algunos y para otros no.

- También produce mala impresión que llamemos a alguien y la secretaria nos haga un interrogatorio como de averiguación previa para ver si somos dignos de hablar con su jefe. "¿De dónde llama?" "¿Sobre qué asunto?" "¿De dónde es usted?" Mi amigo Guillermo Ortega, dice que a estas preguntas él contesta: "Soy de aquí del Distrito Federal, señorita. Le llamo de mi celular". La verdad es que hay a quienes se les pasa la mano y esto funciona negativamente para el jefe. A menos que se trate del presidente de una empresa, se justifica; si no, no.

- Evitemos comer o masticar algo mientras hablamos. Los sonidos se amplifican de tal manera que comes palomitas, al otro lado el ruido puede ser similar a picar piedra.

- Cuando la persona a quien se llama por alguna razón está de mal humor, es hostil y nos trata de mala manera, debemos hacer todo lo posible por calmarla. La mejor manera para ello (no tan sencilla) es ignorar el mal modo y contestarle de la forma más amable y decente posible. Esto le baja la guardia a cualquiera.

- Cuando llamemos a un número equivocado, evitemos preguntar: "¿A qué numero hablo?" Lo conveniente es decir: "Perdone, ¿estoy llamando al 56 52 99 11?" De esta manera sabremos cuál es el error y no lo repetiremos.

- Evitemos manejar dos asuntos en una misma llamada cuando uno de ellos consiste en agradecer algo. Es preferible volver a llamar.

- No permanezcamos callados cuando alguien nos está platicando algo; esto saca de balance a la persona. Debemos hacer comentarios que le hagan saber que seguimos su discurso.

- Recordemos finalmente que, la manera como sonamos por teléfono, afecta cómo nos ven los otros. Un poco de consideración nunca está de más, ¿no?

Si tomamos en cuenta estos detalles aparentemente sin importancia, nuestras relaciones públicas mejorarán. ¿Y quién puede aspirar a tener amigos o ascender en una carrera profesional sin ellas?

CONTROLA LAS SITUACIONES INCÓMODAS O RIESGOSAS

Como sucede con la mayoría de los instrumentos, el uso del teléfono presenta ciertos riesgos. Así que vale la pena tener en cuenta algunas consideraciones.

El altavoz

- El altavoz es uno de los inventos de uso más delicado en la comunicación telefónica. Cuando una persona lo usa, da la impresión de que nos está hablando desde el fondo de un cráter y, lo que es peor, parece que todo el mundo escucha nuestra conversación. El uso de este aparatito no es muy cortés, ya que da a entender que no somos tan importantes como para que la persona con la que hablamos deje de hacer lo que estaba haciendo para levantar el auricular.

- Además de que la llamada se escucha muy impersonal, puede ser muy indiscreta. Mi amigo Miguel recibió en su oficina a un amigo que iba a pedirle que, mediante sus relaciones, ayudara a su mujer a conseguir un puesto de trabajo específico. A Miguel se le hizo muy fácil llamar en ese momento por teléfono a su contacto para pedírselo y, ¡oh terrible error! Puso el altavoz para quedar bien con su amigo, sin advertir al contacto

156

que todos lo estarían escuchando. Éste, con toda inocencia y franqueza, comenzó a decir: "Oye, ya intenté recomendarla, pero dicen que fulanita está muy vieja y tiene muy mal carácter, mano". Miguel no sabía dónde meterse, ¡se quería morir! Lección. No poner a funcionar el altavoz sin avisar.

- El uso del altavoz está justificado cuando se pide permiso o se tiene una junta a distancia. En este caso hay que identificar a los participantes para facilitar y agilizar la conversación.

- Si te incomoda que pongan tu llamada en altavoz, con todo derecho puedes reclamar o argumentar que no escuchas con claridad, o bien usar un método más efectivo, como el que aplica Pablo, mi esposo "Abusado, porque digo muchas groserías —usó otra palabra— y soy muy indiscreto". Te aseguro, de inmediato levantan el auricular.

La contestadora

- Si preguntamos a nuestros amigos y conocidos, de seguro, resultará que a todos nos disgustan las grabaciones automáticas en las que una voz mecánica recita dieciocho opciones en el menú. Si sabe la extensión marque ahora, si no... (entran tres comerciales de la empresa). Después, la voz ordena: si es usted humano, marque cero; si es hombre, marque uno; si es mujer, marque dos; si es casado, marque uno; si es divorciado, marque dos; si vive en unión libre, marque tres (ya en este momento me comienzo a poner nerviosa); si tiene hijos, marque cuatro; si son pequeños, marque dos; si son adolescentes, marque tres, etcétera. Ahora que si en el laberinto telefónico nos distraemos tantito y fallamos en una de las opciones, ¡hay que volver a marcar y escuchar todo desde el principio! O bien, esperar pacientemente a que una operadora nos rescate. ¿Por qué no contesta desde el principio? Nada se compara con la atención personalizada de la voz amable de alguien que nos preste atención.

• Seamos breves, es innecesario usar un mensaje con voz tiesa y forzada que diga: "Está usted hablando al teléfono 55 69 33 16 con Francisco López. Por el momento no me encuentro o no puedo atender su llamada, por favor, cuando suene el tono déjeme su recado y con gusto me comunicaré más tarde". ¡Es obsoleto y largo! Es mucho más práctico, decir: "Hola, soy Guillermo. Por favor déjame tu recado". ¿No crees?

• Por otro lado, al escuchar el espacio de silencio y el fuerte y repentino ¡biiip!, puede provocarnos pánico escénico y trabarnos. Las palabras se atropellan en la mente, no salen o bien salen titubeantes. Entonces pensamos: ¿qué digo?, ¿para qué le hablé? Y, como si el teléfono quemara, de golpe colgamos dejando huella de nuestra inseguridad. Creo que a todos nos ha pasado alguna vez. Lo mejor es dejar el recado con toda naturalidad.

• Si eres el dueño de la contestadora, evita dejar grabaciones con música de fondo zen y voz como de poeta iluminado, pues corres el riesgo de verte cursi. Evita también el *heavy metal* y los mensajes largos y chistosos, que te quitan seriedad. Entre amigos resulta gracioso; no así cuando se trata de una llamada de trabajo. Nunca sabemos quién llamará.

Los que no tienen nada que hacer

Tu vida está llena de asuntos por resolver, tienes una lista de llamadas pendientes y tu secretaria no está. En una hora tienes una junta que debes preparar y en eso, tu compadre, que está desocupado, te llama para bromear. "¿Qué? ¿Mucho trabajo compadre?" Y extiende su conversación interminablemente. Cortemos sin piedad este tipo de llamadas que sólo quitan el tiempo.

Pájaros en el alambre

En los últimos tiempos es cada vez más frecuente saber de grabaciones telefónicas que ponen en evidencia a ciertos servidores públicos. Aunque no nos contemos entre ellos y el tipo de conversaciones que sostenemos difícilmente afectarían la seguridad nacional, cuidemos lo que decimos a través del teléfono sobre todo en los celulares. Nunca sabemos cuando hay pájaros en el alambre. Una vez se metió a mi celular una llamada de cierto personaje público mexicano. Nunca me imaginé que utilizara vocabulario tan florido en sus conversaciones.

Los celulares

El riesgo con este maravilloso aparato, es que hay situaciones y lugares en los que es absolutamente legítimo que alguien sienta el impulso de asesinar a quien lleve un celular encendido y haga o reciba una llamada en el momento más inoportuno. Por ejemplo, en la plaza de toros, en el momento de la faena. En un funeral, en misa, en el estadio Azul cuando el Cruz Azul va a tirar un penal. En el teatro, en una sala de conciertos cuando el director levanta la batuta para comenzar. En el campo de golf, cuando el compañero va a potear. En la comida, mientras tu amiga te cuenta sobre su divorcio, en el punto más triste y tenso de la película o en el museo.

En fin, el teléfono y sus avances tecnológicos pueden empujarnos a correr diversos riesgos, entre ellos morir, sea de aburrimiento, de pena o por asesinato. De nosotros, y de nuestra prudencia, depende que nada de lo anterior suceda.

Escríbelo
correctamente

Saber leer es ahondar.
Saber escribir es ascender.

JOSÉ MARTÍ

LA PRIMERA IMPRESIÓN

El material impreso que utilizamos para enviar un mensaje es mucho más que un grupo de piezas de papel con nuestros datos. Este material habla de nosotros, causa una impresión e influye en nuestra suerte en el mundo de los negocios.

Si trabajas en una empresa, lo más seguro es que tenga una imagen corporativa bien definida e incluso que se cuente con políticas sobre cómo manejar cada una de las piezas que conforman la papelería.

Si tienes tu propio negocio, toma en cuenta que la papelería refuerza o debilita tu imagen.

Asimismo, conviene tener papelería personal que no contenga otro dato más que nuestro nombre. Es muy útil cuando deseamos tratar asuntos ajenos al trabajo.

EL DISEÑO DE NUESTRA PAPELERÍA

El diseño es importantísimo. Si no somos diseñadores gráficos, es mejor contratar a alguien que lo sea y que desarrolle profesionalmente nuestras ideas (cuando decidimos probar suerte como diseñadores, los resultados casi nunca son alentadores, al menos en mi caso). Y terminamos pagando el doble al tener que mandar rehacer el trabajo.

Con frecuencia la principal razón para hacer las veces de diseñadores es la falta de presupuesto. Sin embargo, tomemos en cuenta que vale la pena invertir un poco, ya que los profesionales del diseño tienen experiencia y saben interpretar muy bien cómo deseamos que la gente nos perciba, cómo queremos que responda al ver nuestra tarjeta o la papelería que enviamos.

¿QUÉ IMPRESIÓN QUEREMOS CAUSAR?

¿Queremos que al ver nuestra papelería las personas digan: qué elegante, qué moderna, qué original? Esto depende del tipo de trabajo que realicemos y de nuestra personalidad. Por ejemplo, si la papelería es para un bufete de abogados recién inaugurado, lo mejor es elegir algo sobrio y elegante. Si nos dedicamos al arte o la publicidad, la papelería puede ser moderna, creativa, original, que al golpe de vista llame la atención. En cualquier caso, es esencial que la papelería sea de buena calidad en cuanto al tipo de papel, la impresión, el color y el diseño.

Los tamaños

En general, la papelería básica de una oficina consiste en:

- Tarjetas personales de presentación (comúnmente de 5 x 9 centímetros).
- Papel membretado (tamaño carta u oficio).
- Tarjetas para notas y mensajes (el más común es de 14 x 10.5 centímetros).
- Sobres (de 24 x 10.5 y de 14 x 10.5 centímetros)

Una buena idea es tener también diseños preelaborados de portadas de fax, recibos, facturas, órdenes de adquisición, etcétera, además de carpetas, folletos y material promocional. La idea es que todas estas piezas conformen un diseño integrado (el mismo manejo de colores, letras, logotipos, papel), que logrará que la empresa sea fácilmente reconocida.

El logotipo

El logotipo es un elemento muy importante, que refleja la personalidad de la empresa. Debe ser fácil de identificar y recordar. Se puede desarrollar con base en las iniciales de un nombre, a partir de una firma, un dibujo, una fotografía o una ilustración. Y recordemos que lo sencillo siempre será elegante.

El papel

Otro elemento fundamental es el papel (comúnmente se utiliza papel bond de 75 ó 90 gramos para las hojas membretadas y los sobres, y un papel más grueso para las cartas importantes). Para las tarjetas de presentación se utiliza cartulina fina. Es preferible que los papeles y cartulinas combinen con los tonos del diseño y de la tinta que usaremos al escribir.

La letra

Hay que escoger un tipo de letra único para imprimir la dirección, los teléfonos y demás. Evita abusar de las itálicas y las negritas, así como de los tipos de letra rebuscados, que lejos de ser elegantes, confunden, hace difícil la lectura y la imagen de la empresa no es favorable.

Los colores

El color es un elemento de identificación. Es importante decidir uno predominante, como máximo tres, que se manejarán en todos los impresos (y tomar en cuenta que los diseños con muchos colores son más caros en el proceso de impresión).

"AQUÍ TIENE MI TARJETA"

Aunque cada vez es más común pasar de uno a otro los datos mediante el rayo infrarrojo de las computadoras de bolsillo, esto no anula la importancia de llevar siempre una tarjeta personal. La tarjeta de presentación es una prolongación de nuestra imagen y de la imagen de la empresa. Debe ser impecable, elegante, actualizada y de buena calidad. Si es posible, procura que los caracteres sean grabados, pues lucen más que los impresos.

El tamaño de la tarjeta puede variar de acuerdo con el gusto personal, aunque te sugiero que no sea demasiado grande (como me ha tocado ver algunas) porque no caben en ninguna cartera ni tarjetero de escritorio.

Si buscamos un diseño fuera de lo común, una vez más, acudamos a un diseñador gráfico.

En la tarjeta de presentación se incluyen sólo los datos profesionales, como nombre, cargo, dirección (de negocios), teléfonos, número de fax, correo electrónico y, por supuesto, el logotipo de la empresa. La decisión de incluir los números telefónicos de casa y del celular es personal, ya que hay que estar dispuestos a ser localizados fuera de la oficina. (Estos números se pueden anotar a mano un momento antes de entregar la tarjeta.)

Es recomendable optar por algo conservador. Aunque los estadounidenses acostumbran incluir su foto, un paisaje de fondo, letras doradas o rococó; en nuestro país no se considera ni práctico ni elegante. Lo mejor es que las tarjetas sean de color blanco o marfil, y de grosor suficiente par que no se arruguen o se doblen a la primera.

Para que la tarjeta tenga una imagen limpia, hay que evitar llenarla con mil datos. Para esto puede usarse el reverso o elegir un modelo doble que incluya información adicional en el interior, misma que puede colocarse en forma horizontal o vertical.

Algunos puntos importantes a la hora de entregarla

Por supuesto, debe estar limpia y con datos actualizados. No queremos que la persona nos recuerde al ver un papel sucio, con las esquinas dobladas o con tachones. Guardala en la bolsa del saco o en un tarjetero portátil para que al entregarla esté plana y no curva porque el hombre la guarda en la cartera que asegura en la bolsa trasera del pantalón.

Conserva las tarjetas en un lugar accesible para encontrarlas rápido. Vale sobre todo para las mujeres, que a veces tardamos tres horas para encontrarlas en el fondo de la bolsa.

Si te presentan a un cliente o ejecutivo de un cargo superior, se el primero en ofrecer tu tarjeta.

Si intercambias tarjetas con un grupo de personas, entréga a todas las personas del grupo, sin excepción.

Si envías una nota o un saludo a una persona acompañando algún material o documento, no llenes todos los espacios blancos de la tarjeta. Es suficiente escribir una frase como: "Con los atentos saludos de...", "Un saludo", "Espero su respuesta" o "Atentamente".

CÓMO Y CUÁNDO DAR UNA TARJETA DE PRESENTACIÓN

Evitemos ofrecer la tarjeta de inmediato, por ejemplo, al principio de una conversación con un extraño conocido por accidente (en el avión, en la barra de una cafetería, en un bar).

La ansiedad puede trabajar en contra nuestra. (Cabe la posibilidad de que si conociéramos la identidad del conocido accidental, quizá no desearíamos que tuviera nuestros datos). Hay que ser selectivos y oportunos con las personas a quien damos la tarjeta, pues en ocasiones pueden hacer mal uso de ella.

La gente que ocupa cargos importantes debe tener muy claro que la posición que guarda puede ser explotada con la sola presentación de su tarjeta.

En una convención o en cierta situación social de trabajo, no debemos repartirla indiscriminadamente en un grupo de desconocidos. La gente inmediatamente pensará que le queremos vender algo y esto provocará que nos evadan. La mejor forma de dar nuestra tarjeta a alguien es intercambiarla sólo con quienes nos interesa tener contacto en el futuro.

Si piensas realizar una presentación fuera de su oficina a un pequeño grupo de personas, reparte tu tarjeta antes de iniciar, para que sepan quién eres y a qué empresa representas.

En los eventos sociales no debe intercambiarse la tarjeta durante la cena o comida. Es mucho más adecuado entregarla al despedirse.

Cuando por primera vez nos reciban en una cita, después de saludar a la persona con voz firme y un sólido apretón de manos, hay que extenderle enseguida la tarjeta, por lo que conviene tenerla a la mano.

Cuando enviamos flores para agradecer una cena o una atención, debe usarse la tarjeta personal y no la de la compañía.

Por último, me parece que un hombre de negocios sin tarjeta de presentación es como un soldado sin fusil. Así que asegurémonos de traer siempre con nosotros una dotación que exceda las que podamos necesitar, pues pueden dar por seguro que a nadie impresiona el nombre escrito en un papelito o en una servilleta. Además, en cuanto nos damos vuelta, seguramente arrugan el papel y lo tiran a la basura. Cuida tus tarjetas de presentación.

UNA NOTA

> *El individuo se posee a sí mismo, se conoce*
> *expresando lo que lleva dentro, y esa expre-*
> *sión sólo se cumple por medio del lenguaje.*

> PEDRO SALINAS

Enviar una nota oportuna y personal a la casa u oficina de alguien, tiene más peso e importancia que sólo decir las cosas por teléfono.

Esto lo he aprendido de mi hermano Joaquín, quien siempre tiene el detalle de enviar felicitaciones, recordatorios y comentarios por escrito, y compruebo lo agradable que es.

Si se trata de asuntos de negocios, enviar una tarjeta bien presentada lo distingue de los demás y le da un toque personal a cualquier asunto de negocios.

La nota puede ir escrita a mano, o bien puede ser hecha a máquina y con un comentario y la firma manuscrita.

Como una nota es más informal que una carta, nos dirigimos a la persona por su nombre de pila, no por su título o apellido.

Para lo que es oportuno escribir una nota

• Agradecer un regalo o una atención.

- Hacer una invitación informal.
- Ofrecer condolencias a un amigo o compañero de trabajo.
- Acompañar un objeto que interesa a la persona.
- Agradecer a una persona que nos haya acompañado a una comida, coctel o junta.
- Felicitar a un colega por un premio, un ascenso, una promoción o un trabajo bien realizado.
- Felicitar a alguien por su matrimonio, cumpleaños o graduación.
- Acompañar un regalo.
- Disculparnos por no poder asistir a una reunión social.
- Dar seguimiento a una cita o junta.
- Agradecer a la persona que nos entrevistó para un trabajo.
- Ofrecer una disculpa.

Esquema básico de una nota

> Fecha
>
> Saludo
> Se recomienda que en la primera fase declaremos nuestro aprecio y/o agradecimiento.
>
> La segunda frase menciona el asunto o suceso a propósito del cual escribimos.
>
> En la tercera frase podemos hacer un comentario sobre el deseo de vernos en el futuro.
>
> Dejemos una línea blanca antes del cierre.
>
> Cierre
> Firma

Ejemplo de una nota de agradecimiento

25 de julio de 2005

Estimada Yolanda:

El almuerzo del sábado fue muy agradable. Realmente aprecio tu interés en mi proyecto y agradezco mucho tus sugerencias sobre el presupuesto. ¡Tu entusiasmo me anima y me hace pensar que el proyecto puede hacerse realidad!

Espero verte en la próxima reunión anual de la fundación.

Cordialmente,

Francisco

INVITACIONES

En caso de que la empresa organice una cena o una fiesta para celebrar alguna convención u ocasión especial (el aniversario, la entrega de un premio), necesitamos asegurarnos que la invitación refleje la imagen de la compañía y la formalidad de la reunión.

Algunos tips

Usualmente, las invitaciones se hacen en cartulina fina y llevan impreso el logotipo de la compañía en el borde superior. Asimismo, el sobre puede llevarlo en la esquina superior izquierda.

Si se trata de una celebración muy especial, como el XX aniversario de la empresa, podemos señalar la formalidad de la ocasión mandando hacer las invitaciones grabadas y troqueladas; por supuesto, son más caras.

El hecho de que la invitación empiece con el nombre de la empresa, por ejemplo: "Bienes Raíces Álamo tiene el agrado de invitar…", es frío e impersonal. Es mejor personalizar la invitación con el nombre del presidente o director de la empresa: "Guillermo Alcántara, presidente de Bienes Raíces Álamo, tiene el agrado de invitar a usted…"

UNA CARTA

> *No hay forma más alta de pertenencia a un pueblo que escribir en su lengua.*
>
> HEINRICH BÖLL

La forma más clara de comunicarnos es por escrito. Desde hace unos años, hemos incorporado a nuestras vidas formas instantáneas e informales de comunicación como el fax y el correo electrónico. La costumbre de escribir una carta se ha ido perdiendo poco a poco.

Sin embargo, hay ocasiones en las que un correo electrónico, un fax o una llamada telefónica no son tan efectivos como una carta bien presentada, por lo que valdría la pena revisar algunos detalles.

Hasta hace poco, escribir una carta de negocios significaba usar un estilo rebuscado, lleno de muletillas, frases hechas y adornos pomposos. Ahora, afortunadamente, se usa un estilo más personal, sencillo y claro. Lo que en todos los casos sigue vigente es el uso correcto del lenguaje.

Existe gran diferencia entre una conversación y una carta. En la conversación podemos usar oraciones incompletas y formas gramaticales que no resultan correctas por escrito.

Escribir es un ejercicio mental. Muchos estudios han comprobado que las personas que escriben de manera constante, aunque sólo sea su correspondencia, son capaces de expresarse oralmente de manera más clara y, en general, demuestran tener un pensamiento lógico más avanzado. Así que ya sabes.

Una carta bien redactada, atrae, persuade y convence. Quien la escribe, aumenta sus posibilidades de influir, de ganarse el respeto de los demás, de ser promovido o contratado. Una carta mal escrita o con faltas de ortografía, genera todo lo contrario.

Recordemos que nuestra firma —y por tanto nuestro prestigio— están impresos en toda la correspondencia que enviamos. Si vamos a firmar una carta escrita por encargo nuestro a una secretaria o cualquier otra persona, es mejor leer detenidamente el texto y sólo imprimir nuestra firma cuando estemos de acuerdo con la presentación y la redacción. Un amigo cercano durante meses delegó la redacción de sus cartas en su secretaria. Nunca las revisaba, hasta que un día, por casualidad, leyó una misiva antes de firmarla y casi se desmaya al ver la cantidad de errores.

UNA CARTA VENDEDORA

Hay tres tipos de carta: la que ordena, la que informa y la que persuade. A continuación te presento algunas ideas que pueden facilitar la tarea cuando se trate de vender una idea, servicio o un producto.

- *Piensa. Planea. Organiza.* Primero que nada decide qué quieres lograr y qué puedes hacer para obtenerlo, organiza tus ideas. Tu carta debe responder a las preguntas: qué, quién, cómo, cuándo, dónde y por qué. Hay que hacer un borrador y leerlo en voz alta. Es la mejor forma de darnos cuenta si existe algún error.
- *Coquetea visualmente.* Las estadísticas muestran que un ejecutivo tiene que leer alrededor de un millón de palabras a la semana. Por lo que, antes de decidir si lee una carta, a cualquier texto le echa un vistazo haciendo un recorrido en forma de "Z". Así que, si no deseas que tu carta termine en la basura sin ser leída, aplica las siguientes técnicas:
  — Procura que la carta sea de una sola hoja. Es un error pensar que una carta larga impresiona.
  — El 70 por ciento de las palabras deben tener de dos a siete letras. Cuando el texto se compone de palabras cortas, al ojo se le facilita la lectura y por lo tanto el texto resulta de más fácil comprensión.
  — Plasma ideas grandes en frases cortas. Éstas deben tener catorce palabras o menos. Usa el punto de manera que no queden oraciones de tres renglones. La idea pierde impacto y se diluye.

— La frase más importante es la que encabeza la carta. Debe enganchar al lector para que continúe leyendo y a lo mucho contendrá once palabras. Busca ¿qué le inquieta o qué le interesa a la persona a quien se la envías? Despertemos su curiosidad. En el primer párrafo se escribe el objetivo básico de la carta y en los posteriores los detalles.

— El segundo párrafo debe tener un máximo de 50 palabras o cuatro renglones. Cuando el ojo ve que el segundo párrafo es pequeño, queda invitado a leerlo. Si logramos que la persona lea 50 palabras, leerá 500.

— Usa letra de un tamaño de once o doce puntos. Se lee mejor. Recibir una carta con letra pequeñita, obliga a que el lector haga un esfuerzo para leerla. Las posibilidades de que no sea leída aumentan. No utilices una letra menor a diez puntos.

— Inicia un párrafo siempre con sangría (a excepción del primero). Esto invita al ojo a "meterse" en la lectura y al lector le da un punto de referencia.

— Procura que tus párrafos no tengan más de siete renglones.

— Termina siempre con un posdata. ¿Por qué? Porque se ha comprobado que cuatro de cada cinco lectores, leen la posdata antes que el cuerpo de la carta. Por lo tanto concluye con una posdata muy buena en la que repitas el beneficio o la invitación que formules. Puedes utilizar la abreviatura P.D. (Posdata) o P.S. (*Post Scriptum*), que cumple la misma función.

— Sé directo y vé al grano. Opta por una palabra simple sobre una complicada y evita las palabras pomposas. Jack Welch, director de la compañía General Electric, expresó en una entrevista a la revista *Harvard Business Review* algo que me parece muy sensato. "Los directivos inseguros crean complejidad. [...] Los verdaderos líderes no necesitan abarrotar sus mensajes. La gente debe tener la confianza de ser clara y precisa. [...] Para muchos, ser simple y directo es algo muy difícil."

— Conoce a tu lector. ¿A quien va dirigida la carta? La forma en que nos dirigimos a un maestro, a un dentista o a un adolescente varía. Somos diferentes y tenemos distintos intereses. Hombres y mujeres reaccionamos de diferente manera, así como quienes tienen un negocio pequeño o uno grande. Que una persona lea nuestra carta y comprenda el mensaje y su propósito, dependerá de sus intereses y conocimientos, no de los nuestros.

— Usa los verbos en activo. Utilizar la voz pasiva, además de ser poco práctico, suena anticuado y complica todo. Por ejemplo: "En relación con su carta enviada por fax y recibida por mi secretaria la semana pasada, me permito confirmar su cita". Es mejor: "Recibí su carta con fecha tal y lo espero el día tal". Escribir en forma sencilla y directa facilita enormemente la lectura.

— Ofrece beneficios. Una carta que intenta persuadir, debe ofrecer algo a cambio, para que la persona decida o actúe. Al no describir el beneficio, la persona puede pensar: "¿Por qué actuar o responder, si no hay una razón, un incentivo que me invite a hacerlo?"

— Por último, revisemos la carta varias veces. No importa qué tan buenos escritores seamos, siempre podemos ser mejores mañana. Al terminar, hay que preguntarnos: "¿Esto es lo mejor que puedo hacer?" Estoy segura de que no. Así que revisemos el texto y recordemos que hay que escribir para comunicar, no para impresionar.

CÓMO ESCRIBIR UNA CARTA DE NEGOCIOS

> *La palabra exacta empleada en el lugar exacto, rara vez deja algo que desear en cuanto a armonía.*

> WALTER SAVAGE LANDOR

A pesar de los medios modernos de comunicación escrita, considero que sigue siendo muy agradable para todos recibir una carta manuscrita en papel con olor a tinta. Comparemos su impacto con el de uno de tantos correos electrónicos que nos llegan a diario.

Antes de escribir una carta, hay que averiguar cómo se escribe el nombre de la persona a la que nos dirigimos y su cargo. Si la persona recibe una carta con su nombre equivocado o mal escrito, de entrada nos pondrá tache y estará menos receptivo a cualquier propuesta.

Comienza a escribir una carta de negocios

Cuando recibimos una carta que requiere contestación, lo correcto es hacerlo por la misma vía. No así por teléfono, fax o correo electrónico.

Para dar seguimiento a una llamada o a una junta de negocios, se envía una carta que resalte los puntos y acuerdos más sobresalientes de la conversación.

Cuando la información es delicada o confidencial, es conveniente dejar constancia "material" de la misiva y asegurarnos de que sea recibida para evitar confusiones o malos entendidos.

En cuanto a la presentación

Como a veces tenemos dudas de dónde poner el nombre de la persona a quien nos dirigimos, cómo saludarla y cómo despedirnos sin dar muchas vueltas, a continuación comparto contigo un ejemplo:

Esta carta de negocios cuenta con las seis partes básicas: el encabezado, el nombre del destinatario, el saludo, el cuerpo, el cierre y la firma.

Morelia, Mich., 5 de marzo de 2005.

Ingeniero Pedro Miranda [DESTINATARIO]
Director General
Asociación de Floricultores Mexicanos
México, D. F.

Estimado ingeniero Miranda: [SALUDO]

[CUERPO]
Recibo con interés su carta acerca de los avances del nuevo proyecto de riego para el impulso de la producción de rosa en la región del Bajío. Nuestra empresa está deseosa de participar en la primera etapa del mismo.

Puedo decirle que el proyecto me parece sumamente oportuno y que, conociendo el éxito que han tenido sus anteriores propuestas, he instruido a Felipe Gómez, gerente de mercadeo de la empresa, para que se contacte con ustedes lo antes posible y se empiecen a ultimar detalles del tipo de auspicio que daremos y el monto del mismo.

Cordialmente, [CIERRE]

José Beltrán [FIRMA]
Gerente General

c.c. Felipe Gómez

P.D. Le adjunto una copia de los posibles términos de referencia para la firma del convenio (5 páginas).

- *El encabezado*. Si utilizamos papel membretado con el nombre y la dirección completa de la empresa, el encabezado consiste sólo en la fecha. En la mayoría de países de habla hispana la fecha se escribe: ciudad, día, mes y año (México, D. F., 4 de enero de 2005). La fecha se localiza en cualquier esquina superior de la página. Si no contamos con papel membretado, es prudente anotar los datos de la empresa antes de la fecha, en el borde superior de la hoja.

- *El nombre del destinatario*. En Estados Unidos y en los países europeos es habitual escribir en el encabezado la dirección postal completa de la persona a quien dirigimos la carta. En la mayoría de los países latinoamericanos la dirección se escribe en el sobre y en la carta se anota solamente el título y nombre completo de la empresa y la ciudad, todo a renglón seguido y justificado a la izquierda.

- *El saludo*. La forma del saludo depende de qué tanta confianza le tengamos a la persona. Si estamos contestando una carta, lo mejor es seguir el estilo y el trato que esa persona nos dio, salvo en el caso de que se trate de una persona mayor o que tenga un rango superior. Los saludos aceptables en una carta comercial incluyen: estimado, distinguido, apreciado. Por ejemplo: "Estimado doctor", o "Estimado doctor González". Se sigue usando, aunque con menor frecuencia, "A quien corresponda", cuando escribimos a personas desconocidas (lo que no es recomendable) o cuando buscamos que la carta sea impersonal. En este tipo de cartas es mejor omitir saludos muy íntimos como "querido", "mi querido" o "queridísimo". A continuación del saludo se escribe dos puntos (Estimado doctor González:), no punto y aparte, ni coma.

- *El cuerpo*. El cuerpo de la carta contiene las ideas que queremos comunicar. Como ya vimos, las misivas deben ser breves, lo ideal es una página. Incluso, muchas son de un solo párrafo.

- *El cierre*. Existen cierres muy formales como "Quedo de usted", "Sinceramente", o "Respetuosamente". En la actualidad se usa algo menos formal: "Cordialmente", "Atentamente", "Un saludo", "Saludos".

- *La firma*. Contiene, por supuesto, el nombre completo y el título de la persona que envía la carta. Estos datos van siempre mecanografiados, mientras que la firma se traza a mano. Se usa la firma completa cuando la carta es formal y el primer nombre, o rúbrica, si va dirigida a alguien que nos conoce bien. Si adjuntamos a la carta algún tipo de material o documento, se añade una nota final que indique "se adjunta material solicitado" o "incluyo los documentos mencionados".

El espacio entre párrafos

- El nombre de la persona se escribe seis espacios debajo de la fecha.

- El saludo va dos espacios después de la última línea del nombre.

- El cuerpo, dos espacios abajo del saludo.

- El cierre, dos espacios debajo de la última línea del cuerpo.

- Y nuestro nombre y cargo se anota cuatro espacios después del cierre, y estos espacios sirven para poner la firma.

Estilos

A continuación comparto contigo el ejemplo de una carta rebuscada y llena de complicaciones, que no sólo resulta anticuada sino obsoleta:

México, D. F., a 20 de febrero de 2005.

Lic. Víctor Serrano
Gerente de Recursos Humanos
Primex, S.A. de C.V.
Presente

Muy señores nuestros:

Habiendo recibido la cotización que tan amablemente fue enviada por ustedes el día 15 próximo pasado, quisiera comentarle que ésta ya ha sido turnada al consejo para ser estudiada por la comisión encargada de dicho asunto.

Queremos hacer de su conocimiento que en cuanto nos sea remitido el análisis correspondiente nos estaremos poniendo en contacto con ustedes para hacerles saber nuestra respuesta.

Mientras tanto les reiteramos la seguridad de nuestra más atenta consideración, quedando de ustedes su atento y seguro servidor,

Atentamente,

Ing. Luis Amezcua
Director General

Semejante estilo está pasado de moda. La carta sería más sencilla y clara de la siguiente forma:

México, D. F., a 20 de febrero de 2005.

Lic. Víctor Serrano
Gerente de Recursos Humanos
Primex, S.A. de C.V.
Presente

Estimado Lic. Serrano:

Muchas gracias por la cotización que nos envió. Le comunico que ya la mandé al comité correspondiente y en cuanto tenga una respuesta me pondré en contacto con ustedes.
      Reciba un saludo.

Atentamente,

Ing. Luis Amezcua
Director General

Sin embargo, tampoco hay que exagerar y escribir como si se tratara de un telegrama:

Recibí cotización febrero 15. Enviaré proyecto a comité, espere respuesta, la haré llegar.

LA REDACCIÓN

Algunas frases que conviene incluir u omitir en nuestra redacción son:

Frases incorrectas	*Frases correctas*
Acusamos recibo	Muchas gracias por
Adjunto a la presente o anexo a la presente	Anexamos
Agradeceré por anticipado	Agradezco por
Anticipo mi agradecimiento	Agradezco por
Agradeciéndoles nuevamente, esperando seguir sirviendo...	Gracias por... esperamos congusto la oportunidad de servirle nuevamente...

- Procuremos no repetir la misma palabra en un párrafo.
- Un diccionario y el corrector de la computadora son muy útiles para corregir muchos de los errores de ortografía o gramática. En el diccionario de sinónimos y antónimos podemos encontrar otras opciones de palabras para lo que deseamos transmitir.
- Escribir la carta en primera persona —"yo"— es cortés y amigable. Evitemos el estilo neutral —"nosotros"—, se puede sentir pedante y lejano. Sólo se usa cuando realmente hablamos de la empresa en general o de un equipo de trabajo.
- Un tono positivo siempre te hará quedar mejor aunque se traten temas delicados o difíciles. Evita usar frases que desmotiven al lector, así como la palabra "no".

Ejemplos:

Enfoque negativo	Enfoque positivo
Al NO saber su opinión	Al desconocer su opinión
Lo hizo NO sin saber	Lo hizo conscientemente
NO conociendo	Sin conocer
NO dejarán de hacer	Lo harán
NO deje de indicarnos	Favor de indicarnos
NO resulta procedente	Es inadecuado
La caja fuerte NO estaba cerrada	La caja fuerte estaba ABIERTA
Si no terminas de hacer tu tarea	Cuando termines de hacer tu tarea
NO IRÁS a la fiesta	IRÁS a la fiesta

- Asimismo, hay que valerse de palabras que tienen una connotación positiva y crean en la mente del lector un ambiente distinto del que crea el uso de palabras con connotación negativa. Por ejemplo:

"A pesar de que las ventas no llegaron a los niveles esperados en el primer trimestre del año, confiamos superar con seguridad estos obstáculos".

- Es mucho mejor que decir:

"Desgraciadamente una vez más cayeron las ventas drásticamente y estamos desconcertados sobre qué va a pasar en el futuro". ¡Esto desanima a cualquiera! Y la actitud que transmitimos siempre es importante.

- Utiliza palabras que generan un estado positivo para quien las lee:

Admirable	Agradable	Activo
Cómodo	Verdadero	Confiable
Confianza	Cortesía	Creativo
Energía	Fe	Generoso
Habilidad	Íntegro	Mérito
Muchas gracias	Responsable	Útil

Formas

- En la correspondencia con personas que conocemos, un poco de humor es bienvenido, siempre y cuando no lo apliquemos en temas delicados.

- En el papel las "malas palabras" resultan más ofensivas de lo que pueden parecer en una conversación oral y suelen causar una reacción negativa de la persona que las lee. A pesar de que su uso es cada vez más aceptado, jamás hay que ponerlas en una carta, sea de negocios o personal.

- Escribamos elogios y felicitaciones. Si se trata de una crítica o llamada de atención, es mejor hacerlo frente a frente.

- Existen países donde las formas de redacción son más o menos formales. Por ejemplo, los estadounidenses son muy prácticos y los ingleses utilizan un estilo más formal. Si vamos a enviar una carta a otro país es mejor averiguar qué estilo acostumbran.

- Algunas frases y palabras comunes en el *argot* de los negocios, como *subjudice, E.B.D.I.T.A., par, per room, ingreso per cápita, P.I.B.* o *producto interno bruto*, en cartas a personas fuera del gremio pueden volverse aburridas cuando se utilizan con demasiada frecuencia. Es mejor evitarlas o utilizarlas con discreción.

- A pesar de que necesitemos una respuesta o saber si han aceptado una idea con premura, hay que evitar frases como "le suplico", "le ruego encarecidamente", "por favor encuentre adjunto el documento que me ha solicitado", "espero saber de usted en el futuro". Es preferible un tono menos suplicante, como "le solicito", "adjunto el documento que solicitó", "le agradezco", "en espera de respuesta".

- "Agradeciéndole de antemano…" es una frase que asume que la otra persona hará lo que nosotros estamos pidiendo y puede no caer bien. Es preferible: "apreciaré mucho su ayuda…"; y aún mejor: "cualquier ayuda que me proporcione con respecto a este tema será muy apreciada".

- Si al leer en voz alta algo del texto nos suena raro o embarazoso, es mejor quitarlo.

- Antes de prometer u ofrecer algo por escrito hay que pensarlo cuidadosamente. (No hay nada peor que ganarse la fama de que no cumplimos lo prometido.)

- Si en la carta mencionamos a otras personas, un detalle elegante es enviar una copia —no firmada— del documento a todas ellas. Se acostumbra pones las iniciales c.c. (del inglés *carbon copy*) para indicar que se están enviando copias.

- Tratándose de cartas comerciales, conviene archivar siempre una copia, por si alguna vez es necesario comprobar lo dicho.

- Existen dos formas de presentar una carta. Una consiste en sangrar un centímetro al principio de cada párrafo y la otra en justificar todo a la izquierda (manteniendo una línea en blanco entre párrafo y párrafo).

En ambos casos se deja un margen de dos y medio centímetros a izquierda y derecha de la hoja.

- Para darle más formalidad al escrito, se puede justificar el texto, de manera que los renglones queden parejitos en ambos márgenes. Para lograr esto se puede utilizar una función del procesador de textos o, en caso de escribir a máquina, espaciar irregularmente las palabras, lo que puede dificultar la lectura.
- Evitemos usar corrector blanco o tachones en nuestras cartas. Ahora, con la computadora, es imperdonable.
- La firma se ve muy elegante cuando se traza con pluma fuente y tinta azul, negra o de color oscuro. Te ruego comprar una pluma fuente, porque su uso causa muy buena impresión.

LOS SOBRES

En la correspondencia de negocios, el membrete de un sobre debe incluir lo siguiente:

- Título y nombre completo del destinatario.
- Nombre de la empresa en la que trabaja.
- Dirección completa.
- Ciudad (y país, si se trata de correspondencia internacional).

Detalles de elegancia

Escribir el sobre a mano (es más personal). De preferencia con pluma fuente. Las etiquetas preimpresas, aunque prácticas, son menos formales y elegantes.

- La letra debe ser legible y de buen tamaño.
- Usar nombres y títulos completos, no abreviaturas.
- Incluir la dirección del remitente en la esquina superior derecha o en la lengüeta del sobre.
- Es importante que los datos queden alineados y centrados.

Casos especiales

- Cuando enviamos un sobre a dos o más socios en un mismo negocio, el nombre del socio de mayor edad se escribe primero, sea hombre o mujer.
- Si se trata de una invitación social, que incluya a la esposa o al marido de la persona, lo apropiado es enviarla a su casa.
- En el caso de que en la pareja se maneje con apellidos distintos, es mejor anotar primero el nombre completo del hombre y luego, en renglón seguido, el de la mujer.
- Cuando enviamos un sobre de trabajo a una pareja en la que uno tenga título profesional y el otro no, empezaremos anotando el nombre del hombre y luego el de la mujer. Señor José Moreno y Doctora Silvia de Moreno. Si ambos tienen el mismo título, entonces: Doctor José Moreno y Doctora Silvia de Moreno, o Doctores Moreno, si se trata de una situación menos formal.
- Si el sobre está dirigido a dos personas del mismo sexo, se aconseja mencionar primero el nombre de la persona que conocemos mejor.
- Cuando la invitación es para una compañera de trabajo o amiga y su marido, es mejor dirigir el sobre a él aunque no lo conozcamos, y agregar: y señora. Todavía no

188

se usa poner el nombre de la mujer y señor. (Quizá un día las feministas lo logren.)

"¿PUEDE DARME UNA CARTA DE RECOMENDACIÓN?"

Recomendar a una persona por escrito es una responsabilidad. Significa que avalamos su desempeño, su honestidad, su calidad moral, etcétera. Así que, de hacerlo, debemos estar seguros de que nuestra recomendación no nos hará quedar mal.

En caso de que no conozcamos bien a la persona, o no nos produzca entusiasmo recomendarla, es mejor dar una excusa. Se nota cuando una carta de referencia no es sincera y, en vez de hacerle un favor a quien nos la solicita, probablemente le estaremos causando un daño. Por ejemplo, ¿crees que una carta como la que sigue le serviría de algo a Gonzalo Ramírez?

(Fecha)

Estimado Francisco:

Gonzalo Ramírez me ha pedido que le escriba esta carta de referencia, en vista de que está solicitando el puesto que ofrece la empresa que tú diriges.

Le dije que lo haría, a pesar de que lo conozco poco, porque trabajó en mi área solamente unas semanas. Sin embargo, sé que otras personas de mi empresa lo conocieron mejor y ellas me han dicho que se desempeñaba con normalidad en su trabajo.

Atentamente,

Fernando Sánchez

Una buena carta de referencia refleja entusiasmo e información veraz. ¡Qué diferencia si Gonzalo Ramírez lleva a su entrevista de trabajo una carta como la siguiente!

(Fecha)

Estimado Francisco:

El ingeniero Gonzalo Ramírez me solicita te escriba para darte mi apreciación sobre su desempeño profesional en el área a mi cargo. Debo decir que me da mucho gusto brindarte referencias suyas, en vista de que el ingeniero Ramírez fue uno de mis principales colaboradores en la planificación del proyecto hidráulico que acabamos de inaugurar en Sonora.

Durante los meses que duró el proyecto, el ingeniero se desempeñó con mucho profesionalismo, responsabilidad e iniciativa y contribuyó para que el proyecto sea todo un éxito. Estoy seguro de que su trabajo y conocimientos en el ramo de ingeniería hidráulica serán un valioso aporte para la empresa que tú diriges.

Tendré mucho gusto en brindarte más detalles del trabajo de Gonzalo Ramírez, si así lo solicitas. Puedes llamarme en horas de oficina al teléfono…

Atentamente,

Fernando Sánchez

La aerolínea perdió tus maletas, el reproductor de CD que acabas de comprar tiene un defecto de fábrica y tu coche, recién salido del taller, suena más que una maraca. ¿Lo toleras?, ¿haces corajes y te aguantas?, ¿o te decides a resolver estos inconvenientes por un medio efectivo?

A veces, por comodidad o por evasión, aguantamos, respiramos hondo y decimos cosas como: "no hay problema, ya lo arreglarán", o "estas cosas pasan", o "ni modo". Y nos quedamos con la incómoda sensación de no haber hecho nada. Sin embargo, si el problema surge cuando estamos en nuestro "cuarto de hora" de intolerancia, ¡no es igual! Nos enojamos, resoplamos, reclamamos airadamente e incluso colgamos el teléfono con violencia. Pero lo peor ocurre si sentimos que nuestro reclamo fue ignorado. Entonces sí, explota el volcán. Quizá nos quedamos con la satisfacción de haber desahogado la furia, sin embargo pocas veces conseguimos lo que esperamos.

También, hay ocasiones en que durante el enojo decimos: "¡Juro que voy a escribir una carta de inconformidad!" En el retorno a casa, planeamos cada palabra. Al llegar, saludamos a la familia, no nos queremos perder el programa favorito o la jugada de dominó —único ratito de descanso del estresado día—. Al día siguiente la carga de trabajo hace que archivemos la carta en la parte trasera del cerebro y jamás la escribimos.

Parecerá raro, pero una queja por escrito es el mejor regalo que le podemos hacer al director de cualquier compañía, pues en esta forma le estamos comunicando una deficiencia de su empresa o negocio. Se ha comprobado que 26 de cada 27 clientes no se quejan cuando reciben un mal servicio. Sin embargo, cada uno de ellos comenta con por lo menos 22 personas el pésimo trato recibido. Multiplica y podrás darte cuenta de la razón por la que tantos negocios cierran al poco tiempo de haber abierto. Como verás, lo mejor para todos es poner la queja por escrito.

En una ocasión una amiga abordó un avión de una línea estadounidense. Al sentarse se dio cuenta de que había un agujero de unos 40 centímetros en el recubrimiento del techo, justo arriba de su asiento.

Mi amiga sacó la cámara y tomó foto para enviársela al director de la línea aérea y hacerle notar el precio del boleto y el estado del avión.

Al poco tiempo recibió una carta personal del director ofreciendo una disculpa y obsequiándole un boleto gratis a cualquier parte de Estados Unidos. Mi amiga quedó feliz y la línea aérea conservó a su cliente.

En una ocasión Pablo mi esposo y yo recibimos pésimo trato en una sucursal de una gran empresa que renta películas. Le escribí una carta al director expresando mi queja y al poco tiempo recibimos, además de una amable disculpa, dos cortesías para futuras rentas.

Con esto no quiero decir que el propósito de una carta de queja sea obtener un beneficio. Sin embargo, contribuye a que todos ganen.

¿Cómo hacerlo?

Aquí algunas sugerencias para escribir una carta de quejas efectiva.

- *Relájate*. Recuerda la frase de Horacio: "El enojo es una locura momentánea, así que controla tu pasión o ella te controlará a ti." Antes de escribir, trata de separarte del enojo. A veces la ira tarda en disminuir algunas horas o incluso días, así que espera un tiempo razonable, pero no tanto como para olvidar los detalles.
- *Guarda las notas y documentos*. Estos comprobantes evitarán que ignoren nuestra queja. Anexa copias fotostáticas, nunca originales.

Anota el nombre de las personas a quienes manifestaste tu queja en persona o por teléfono.

- *Averigua el nombre del encargado de mayor jerarquía en la empresa*. Mientras más alto sea el rango de la persona a la que nos dirijamos, más rápida será la respuesta. En ocasiones, una carta de queja es lo que dispara una serie de decisiones que, probablemente, el jefe había postergado.
- *Usa un lenguaje adecuado*. La carta debe estar muy bien presentada y redactada. No olvides que no sirve de nada descargar el enojo en forma de insultos, nadie reacciona positivamente a la agresión. Es muy importante que seamos objetivos al presentar nuestra inconformidad.
- *Capta la atención al principio de la carta*. Después del saludo, es importante escribir algo que invite a continuar leyendo. Por ejemplo: "Estoy indignada por el trato tan poco profesional que recibí de… (nombre de la persona)". O: "Estoy segura de que usted se indignará tanto como yo al saber del incidente que acabo de sufrir en su empresa". Ten la seguridad de que la persona no soltará la carta.

- *Seamos breves*. Al presentar el problema, sé tan escueto como puedas. Nadie tiene tiempo para leer cartas interminables. Si nuestro lector se aburre, ya perdimos. La carta no debe tener una extensión mayor de una página. Si el caso es muy serio, puede ser de hoja y media, no más.

- *Repasa los hechos*. Presenta el problema y los intentos hechos por solucionarlo. Elabora una lista cronológica con costos, fechas y personas involucradas. Detalla lo más que puedas, para que quede claro el seguimiento de los hechos.

- *Sugiere que van a perder clientes*. Menciona que vas a comentar con tus amigos y parientes el pésimo servicio que recibiste en dicha empresa y que, de seguro, ellos también se indignarán con el problema. Cualquier director inteligente que reciba una carta así, imaginará las consecuencias.

- *Expresa tus expectativas*. ¿Quieres que te repongan el producto o te ofrezcan una disculpa? Si no especificamos exactamente qué deseamos, el receptor de la carta sólo puede adivinar y nunca vamos a obtener satisfacción.

- *Cierra de manera firme y educada*. El último párrafo es para agradecer anticipadamente a la persona encargada y pedirle una rápida solución, en un tiempo determinado.

- *No te des por vencido*. Quizá los resultados no se vean a la primera y sea necesario enviar varias cartas. El secreto está en no rendirse. Es una causa justa que debes seguir hasta el final. ¡Buena suerte!

EL MEMORANDO

Aunque el correo electrónico ha venido a suplir esta forma de comunicación interna, en muchas empresas hay quien sigue prefiriendo el memorando. Éste se utiliza cuando necesitamos dejar constancia escrita de alguna información o comunicar algo con rapidez. Por ejemplo, si se quiere informar de nuevas políticas sobre fumar en la oficina, de los horarios en la temporada de fiestas, de la fecha y hora de la próxima junta, o si queremos agradecer al personal su trabajo en el lanzamiento de un producto nuevo.

En el memorando la comunicación es informal y se evitan adornos y frases rebuscadas. Podríamos compararlo con una nota periodística, siempre breve y objetiva. Para redactarlo, respondamos a las preguntas que comúnmente se hacen los periodistas: qué, quién, cómo, cuándo, dónde y por qué.

Es preferible no tocar temas delicados en un memorando, dado su carácter impersonal.

La estructura del memorando es diferente a la de una carta. Con este esquema básico podemos ver algunas diferencias significativas.

Memorando
Para: nombre del destinatario.
Asunto: tema que se quiere tratar.
Fecha: día, mes, año de envío.

Notemos que no se empieza con un saludo, como en el caso de una carta.

Con frecuencia, el memorando tiene solamente un párrafo en el que se señalan los detalles básicos de un tema central (no necesariamente en el orden que sigue):

Qué (el tema en sí mismo). Quién (las personas que participaron o participarán). Cómo (la forma en que se desarrolló o desarrollará el hecho). Cuándo (el día y la hora en que se dio o se dará el hecho). Dónde (el lugar en que se desarrolló o se desarrollará). Por qué (los motivos por los que se llevará o se llevó a cabo el hecho).

Firma de quien envía.

Nombre de quien envía.

Cargo de quien envía.

Ejemplo:

Memorando

Para: personal del departamento de relaciones públicas

Asunto: organización de seminario

Fecha: 12 de febrero de 2005

Se convoca a todas las personas que trabajan en el Departamento de Relaciones Públicas a la reunión que se llevará a cabo el próximo 14 de febrero a las 10 a.m., en la sala de juntas, con el fin de ultimar detalles sobre la organización del seminario de calidad editorial y de intercambiar ideas y propuestas para el éxito del mismo. En esta reunión participarán, además, los gerentes de todos los departamentos y el gerente general de la empresa.

Armando Pinzón

Gerente de Asuntos Corporativos

En el momento de escribir un memorando, tomemos en cuenta lo siguiente:

El escrito debe ser breve, ir al grano, ser persuasivo y, sobre todo, amigable.

Es conveniente redactarlo en forma positiva, evitando en lo posible la palabra "no", así como el uso de frases del tipo "por supuesto", "como usted sabe" y "como yo le dije", que pueden generar una reacción negativa.

Es básico enviar copias del mismo a todas las personas mencionadas o a quienes afecte su contenido, o colocarlo en un área pública en que sabemos que todos lo leerán.

Hay oficinas que tienen un papel preimpreso o un formato especial diseñado para los memorandos, lo que agiliza todo.

LA COMUNICACIÓN ELECTRÓNICA

> *Emplea el lenguaje que quieras y nunca podrás expresar sino lo que eres.*
>
> RALPH WALDO EMERSON

Sin duda, uno de los avances más impresionantes de la tecnología es la aparición de internet y el correo electrónico. ¿Te imaginas qué pensarían, en la época en que un mensaje escrito tomaba semanas o meses en llegar, de saber que al mismo tiempo que escribimos el mensaje, el destinatario lo está leyendo? Parecería cosa de brujas.

Sin embargo, la posibilidad de la inmediatez para intercambiar ideas, imágenes y sonidos desde cualquier parte del mundo también puede ser abrumadora. A veces es imposible procesar la cantidad de información que cada día nos llega por estos medios.

Basta que salgamos una semana o que el servidor se descomponga unos días para que al recuperarlo veamos que hay 30, 50 ó 100 correos por contestar. Sabemos que, entre los que nos interesan, se intercalan mensajes en cadena, chistes y propaganda que representan una pérdida de tiempo y nos desorganizan la agenda. Por lo que tenemos que ser muy selectivos para ahorrar tiempo.

El correo electrónico (conocido como *electronic mail* o *e-mail* en inglés y como "emilio" en España) es muy práctico para contactar a cualquier persona, incluso a los considerados inalcanzables, como el presidente de la República, el director de una gran empresa multinacional en Japón o la reina de Inglaterra. ¿Por qué no?

Con todo y lo práctico que pudiera ser, no es la vía correcta para transmitir información delicada, confidencial o muy formal (los mensajes electrónicos no necesariamente tienen respaldo impreso en papel, por lo que comprobar su veracidad sigue siendo difícil cuando es necesaria una "prueba palpable").

Sabemos que la redacción de un correo electrónico es totalmente informal, sin embargo hay que fijarnos en no escribir tal como hablamos. Al carecer de información que nos dan el tono de voz, las expresiones faciales y el cuerpo, las palabras se convierten en el único medio de comunicación.

Si escribimos frases en tono irónico, sarcástico o con doble sentido y no conocemos a la persona, es fácil que se malinterpreten. Lo mismo ocurre si usamos mal el idioma o ignoramos las reglas de la gramática y la ortografía. En lo personal, me sucedió con un lector. Le contesté de prisa, de manera informal, como si estuviéramos platicando y sin releer el mensaje. Al poco tiempo recibí su respuesta, en la que me decía que no le había gustado "el tono" en que le escribí.

Extrañada, leí mi mensaje y con sorpresa me di cuenta de que el lector tenía toda la razón. Las frases que le había escrito podían leerse en dos "tonos" completamente diferentes. Aprendí la lección.

- Antes de enviar el mensaje hay que leerlo en voz alta para imaginarnos como lo leerá la persona del otro lado, que no conoce nuestra manera de ser.
- Procuremos que el mensaje sea lo más simple y corto posible, para que se pueda leer y contestar rápidamente (uno o dos párrafos). Si recibimos un correo de tres hojas, sólo con ver su dimensión posponemos su lectura para cuando estemos más tranquilos, cosa que no es frecuente.
- Tratemos un tema a la vez para evitar confundir al destinatario.
- Escribe siempre tu nombre al cierre del mensaje. Es horrible no saber quién lo envió, y no todo mundo reconoce las claves de una dirección de correo.
- Aunque el estilo en estos mensajes es informal, hay que utilizar por lo menos un mínimo de puntuación. He recibido correos electrónicos como el siguiente:

> Hola me puedes decir si es adecuado usar jeans para el trabajo saludos

¿Qué es esto? Por lo menos:

> Hola Gaby:
>
> ¿Me puedes decir si es adecuado usar jeans para el trabajo?
>
> Saludos,
> Javier

Toma exactamente medio minuto más. Y, aparte de que causa mejor impresión, el mensaje está bien presentado y es más claro y, por tanto, más fácil de leer (y de contestar).

- Tengamos cuidado de enviar el escrito a la dirección correcta. Cuando contestamos un mensaje hay que cerciorarse de la dirección a la que irá. En algunos programas de correo la forma de contestación es automática y el mensaje puede ir a varios destinos al mismo tiempo.
- Hay ocasiones en que la persona tarda en contestarnos; tengamos paciencia. A veces el receptor tiene docenas de mensajes a los que debe dar respuesta.
- Al responder un mensaje, incluyamos una copia del original que nos enviaron, para que la persona sepa de

qué se trata. Me ha sucedido que abro un *mail* y me encuentro con : "Por favor mándame más información de lo que me dijiste en tu último *mail*". ¡Sin firma y sin copia del correo anterior!

¿Quién es esta persona? ¿Y de qué información me habla? ¿De dónde me escribe?

- Si enviamos un mensaje con archivos adjuntos, hay que anotarlo en el mensaje, así como el formato en que está.

- Es importante proteger nuestra computadora con un buen programa antivirus y actualizarlo periódicamente. Cada vez es más común la contaminación en la red y verdaderamente es una tragedia cuando nos borra la información del disco duro. (Ya me pasó.)

- Por favor, no enviemos mensajes con documentos ¡larguísimos! O con mil fotos que pesan mucho, archivos de audio y video o presentaciones visuales que ocupan muchísima memoria y hacen eterna la entrada de los mensajes a la computadora.

- Evitemos enviar correos "basura" (chistes, mensajes religiosos, comerciales, etcétera). Aunque algunos valen la pena, la mayoría son una absoluta pérdida de tiempo.

- Un detalle que da una imagen muy profesional es que nuestros mensajes electrónicos presenten el logotipo de la empresa y nuestra firma (junto con nuestro nombre, cargo, dirección electrónica, teléfono, fax). La mayoría de programas de mensajería electrónica permiten hacerlo fácilmente.

Evitemos utilizar la computadora de la oficina para enviar y recibir mensajes personales.

Asimismo, para enviar y recibir correos de trabajo es mejor no usar otra computadora que no sea la nuestra.

El siguiente es un ejemplo de correo electrónico bien escrito.

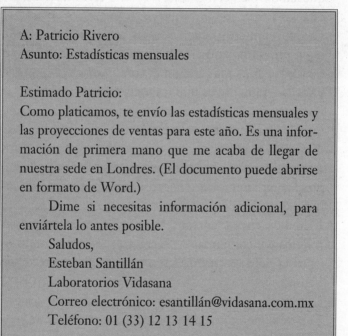

A: Patricio Rivero
Asunto: Estadísticas mensuales

Estimado Patricio:
Como platicamos, te envío las estadísticas mensuales y las proyecciones de ventas para este año. Es una información de primera mano que me acaba de llegar de nuestra sede en Londres. (El documento puede abrirse en formato de Word.)

Dime si necesitas información adicional, para enviártela lo antes posible.

Saludos,
Esteban Santillán
Laboratorios Vidasana
Correo electrónico: esantillán@vidasana.com.mx
Teléfono: 01 (33) 12 13 14 15

LA ETIQUETA DEL FAX

¿Cuántas veces nos ha pasado que recibimos un fax que demora dos horas en llegar completo, gasta cinco rollos de papel y, para colmo, es totalmente ilegible?

El fax, como el correo electrónico, debe ser breve y no hay que abusar de él.

Aunque el fax también ha sido desplazado por el correo electrónico, todavía es una herramienta básica para muchos negocios y oficinas en todo el mundo. Sin embargo, como ya vimos, ni el fax ni el correo electrónico han llegado a sustituir por completo el impacto de una carta bien presentada. Causa mucho mejor impresión recibir una invitación por correo o, mejor aún, por mensajería, ¡que mediante el fax! Lo mismo sucede con reportes o documentos formales de oficina. Asimismo, no es apropiado utilizar este medio cuando se trata de un asunto formal, delicado o confidencial.

Al hacer uso del fax, tomemos en cuenta que:

- Como cortesía, no hay que enviar más de cuatro o cinco hojas por fax. Si necesitamos enviar más, avisemos antes a la persona.
- Los documentos que enviemos por fax deben tener amplios márgenes (por lo menos tres centímetros a cada lado de la hoja). Las máquinas de fax con frecuencia cortan la información colocada muy cerca de los bordes de la página (algunos faxes modernos reducen el documento un cinco por ciento para evitar este problema).
- Conviene incluir una portada como primera página. Esta "portada de fax" contiene toda la información necesaria para que el documento llegue a la persona indicada. Debe tener el nombre del destinatario y del remitente, la fecha y el número de página que serán transmitidas. Puedes también incluir una nota con una corta descripción del

asunto (ver modelo). Algunas empresas tienen portadas prediseñadas con el logotipo y el nombre de la empresa, como parte de su papelería básica.

Portada de fax:

Para: Felipe del Villar (fax: xxxxxx)
De: Manuel Hernández (tel: xxxxxx)
Asunto: Artículo del diario Hoy
Fecha: 22 de enero del 2001
Hojas: 3 (incluida ésta)

Nota:

Estimado Felipe:
De acuerdo con lo conversado por teléfono, te envío el artículo sobre las perspectivas de la ingeniería genética, publicado ayer en el diario Hoy de esta ciudad.

Espero que te sea de utilidad. No dudes en llamarme si necesitas algo más.

Cordialmente,

(firma)

• En ocasiones podemos omitir el uso de la portada del fax. Por ejemplo, si la persona tiene un fax personal o acabamos de hablar con ella y está esperándolo en ese momento (esto ayudaría a todos a ahorrar papel y tiempo).

- Conviene usar letra grande, de entre doce y dieciséis puntos. Si usamos letra muy pequeña o abigarrada, corremos el riesgo de que cualquier falla de transmisión haga ilegible el mensaje. Una buena idea es usar un tipo de letra estándar (Times New Roman, Arial, Óptima). La letra de la portada puede ser de dieciséis puntos y el resto del documento ir en catorce puntos.

Si compartimos la máquina de fax con varios compañeros, lo correcto es no leer aquellos faxes que entren a nombre de otros. Y como a veces no resistimos la tentación, es mejor no usar el fax para transmitir mensajes personales o información confidencial.

Si el fax es urgente, llamemos para confirmar que pasó bien y completo.

Viste apropiadamente

La sensación de ir bien vestido da a veces una
paz que la religión misma no puede dar.

HERBERT SPENCER

SÍ IMPORTA LO QUE NOS PONEMOS

En la guerra, como en los deportes, hay dos cosas fundamentales: la estrategia y el equipo adecuado. Los uniformes, que distinguen a quienes están de nuestro lado en la zona de combate o en el campo de juego, forman parte del equipo.

En la guerra los rangos se reconocen de acuerdo con las medallas, insignias y emblemas utilizados.

Algo semejante ocurre con la ropa de trabajo, sin que las cosas lleguen a la obviedad. En la mayoría de los casos podemos deducir el tipo de actitud de una persona por su manera de vestir. Un abogado vestirá diferente que un creativo de agencia de publicidad.

Así como el empaque de un producto con frecuencia determina el éxito de su venta, la forma en que nos presentamos y nos vestimos es nuestro empaque profesional.

Cuando la ropa está bien cortada, bien planchada e impecable, le presta a la persona un aire de confianza y competitividad. No sólo sucede con la ropa formal de trabajo sino también con la informal.

"Viste para el trabajo que quieres, no para el que tienes", escuché decir a Robert Panté hace unos años, durante mi entrenamiento como consultora de imagen.

Este concepto se vuelve esencial si en el trabajo buscamos obtener respeto, reconocimiento, un aumento o un ascenso.

Todos los días comunicamos algo con nuestra sola presencia. Nuestro arreglo es la parte más tangible de la comunicación no verbal. Cada prenda que elegimos y cada accesorio que usamos comunica un mensaje. ¿Quién soy? ¿Cómo quiero ser percibido por los demás? ¿Cómo es mi personalidad? ¿Cuáles son mis valores?

Este conjunto de señales trabaja de dos formas:

Uno, envía a los otros pistas acerca de nuestra persona y, dos, manda mensajes a mi subconsciente acerca de mí mismo. Así se crea un círculo de retroalimentación: la respuesta de la gente a las señales que envío tiene un efecto sobre mi subconsciente; de este modo cambia mi comportamiento. El resultado de este proceso personal también provoca una reacción en la gente que interactúa con nosotros.

Todos hemos experimentado la sensación de sentirnos bien vestidos y el placer que de ello resulta. Piensa en un momento en que te hayas sentido perfectamente vestido. Por lo general sólo lo experimentamos en algún festejo especial, digamos una boda, un aniversario, una graduación. ¿Cómo te sentiste? ¿Más contento? ¿Más guapa? ¿Mas seguro? ¿Notaste con más facilidad la belleza de tu alrededor y de la gente? ¿Cómo te trataron?

Evitemos dejar esta experiencia en el recuerdo; podemos hacer un esfuerzo por sentirnos bien aun cuando nues-

tra indumentaria sea informal. Esto nos ayuda a abrir puertas, especialmente las importantes. A partir de entonces, la calidad de nuestro desempeño superará la apariencia.

Esta afirmación te puede parecer exagerada, pero no lo es. Por ejemplo, en el momento en que el actor se atavía como el personaje que interpreta, saca todo su potencial para hacer más auténtica la representación. Todas las culturas, desde tiempos primitivos, han utilizado máscaras y trajes distintivos para ayudar a alterar los estados de conciencia. En la actualidad nos valemos de los uniformes para imponer respeto o autoridad: de policía, de enfermera, el atavío clerical. Cuando vemos tales uniformes, percibimos un código de ética implícito, al que respondemos sin pensarlo mucho. Lo mismo sucede con nuestra ropa de trabajo sin que importe si es informal o formal.

Es un hecho que actuamos de acuerdo con nuestra vestimenta. En las preparatorias que exigen a los alumnos vestir con corbata y saco, se reportan menos problemas de conducta que en aquellas en que los estudiantes visten como quieren. Asimismo, observa cómo nuestra actitud cambia cuando al llegar del trabajo nos descalzamos o cambiamos los zapatos rígidos por unos tenis. Piensa en alguna vez en que te hayas disfrazado para una fiesta. La actitud cambia.

Estudios psicológicos demuestran que las emociones con frecuencia son resultados del pensamiento. Dicen los orientales que somos lo que pensamos. Entonces, cuando nos sentimos contentos, cuando estamos en armonía con nosotros mismos, el mundo se ve diferente. La gente parece más amable, más servicial, más "linda".

Por el contrario, cuando nos sentimos deprimidos nuestros pensamientos son negativos y con facilidad vemos fealdad en el mundo y en nosotros mismos.

Al vestirnos demasiado informal en el trabajo (es decir, en fachas) permitimos que los pensamientos y las emociones negativas nos invadan y esto nos arroja a una espiral negativa. Por otro lado, vestir bien sirve como catalizador de pensamientos positivos y nos proporciona confianza.

Además, sabernos bien vestidos permite que dejemos de preocuparnos todo el tiempo por cómo nos vemos y podamos dedicar nuestra energía a enfrentar los sucesos cotidianos.

Algunos hemos comprobado cómo cualquier duda o desconfianza relacionada con nuestra apariencia nos roba energía. Las distracciones preocupantes son agotadoras en lo mental, lo emocional y lo físico. Estar vestido con propiedad silencia el diálogo interior. Es más, los rumores mentales de los otros disminuyen o se canalizan en interés; por lo tanto, podemos comunicarnos con mayor libertad.

Por ello, causar una buena impresión, incluso antes de abrir la boca, hace de nuestra imagen una poderosa herramienta.

CASUAL *VERSUS* FACHOSO

Es un hecho que en el mundo del trabajo el traje clásico está en retirada. Vestirse menos formal ha alcanzado proporciones globales. Los profesionales en Inglaterra, Italia, Estados Unidos, Alemania y México, entre otros países, han adoptado ésta más relajada forma de hacer negocios. Visten de forma "casual".

Conforme esta moda avanza, se incrementa lo que en inglés llaman *Casual Confussion*. ¿Qué es lo apropiado? ¿Perderé mi autoridad?

No es lo mismo informal que desaliñado. Aunque lo informal es muy cómodo, nunca sacrifica el hecho de verse profesional y bien vestido. Algunas ideas que te facilitarán vestir casual son:

- Colores oscuros e intensos, mezclados con blanco y azul claro, para un alto contraste. El blanco y negro juntos son la combinación más formal dentro de lo informal.
- Negro y azul marino son los mejores colores neutros y combinan con casi todo. Asimismo, son adecuados los

tonos oscuros, suntuosos, como verde, rojo ladrillo, café chocolate y *beige* chicle.

- Tonos armónicos. Combinar a) Tono sobre tono, vestir utilizando diferentes grises, azules, *beiges*, etcétera. b) Monocromático: todo del mismo color, lo que imprime elegancia y éxito. c) Coordinados.

- Prendas estructuradas en línea vertical. Psicológicamente las líneas verticales se asocian con autoridad; además, hacen que la persona se vea más alta y delgada. En una mujer este principio se traduce en vestir, por ejemplo, la blusa en el mismo tono que los pantalones o la falda, y agregar un saco encima de otro color. Las faldas rectas ayudan a esta verticalidad; pueden ser arriba de la rodilla o a media pierna. El hombre debe buscar que se forme una V en su cuerpo, lo que se logra con sacos rectos en los hombros y pegados en la cintura.

- Prendas sencillas y clásicas, evitando estampados y colores llamativos.

- El saco siempre te hará quedar bien. Te dará un aire de persona importante. En las mujeres, largos, ajustados al cuerpo, o bien cortitos combinados con falda larga recta o pantalones. En el hombre pueden ser de dos y tres botones. Los de cuatro botones son sólo para los hombres muy altos.

- En cuanto a texturas, la mejor inversión es la lana 100 por ciento virgen; puede ser tropical, que funciona todo el año.

- Las blusas para las mujeres que se abotonan enfrente, o lisas, cuellos de tortuga, escotes en "v", ayudan a la verticalidad. También son apropiados los conjuntos de suéteres. La mujer casual evita los cuellos redonditos como de niña de escuela o de marinero. En los hombres, la camisa es la protagonista. Puede ser tejida, tipo polo con botones o de algodón. Si es cuello Mao, el de botones es el clásico (nunca los desabotones).

- Manga larga, básica para transmitir autoridad en ambos sexos. Entre hombres, si hace calor es mejor enrollarla que usar manga corta.

- Evitar prendas anchas como sacos tipo caja, pantalones muy amplios, faldas circulares o con pliegues, ya que refuerzan la horizontalidad y restan presencia.

- Pantalones angostos y rectos. Evitar los pescadores o los muy entallados al cuerpo. Al usar pantalones, la mujer debe cuidar que no se le marquen líneas que revelen su ropa interior. En los hombres, el corte clásico de pantalón de pinzas es la mejor opción. Cuida que las pinzas no se abran; de ser así es que el pantalón te queda chico.

- Los pantalones lisos le quedan bien a un hombre delgado y sin pancita. Para que un pantalón de algodón se vea bien dentro de lo casual formal, debe estar perfectamente planchado. Los de lino envían un mensaje de centro de veraneo, sitio turístico de playa o crucero. Evita en lo posible los de poliéster, que además de ser muy calientes lucen una mala caída.

- El cinturón, mientras más metal tiene más informal es. Los trenzados son apropiados para este *look*, así como los de color mate. Los de elástico con frente de piel no dan nada de personalidad. Debe ser del mismo tono de los zapatos.

- Las medias o los calcetines coordinados con el tono neutro de la falda o el pantalón alargan la línea de estas prendas. El calcetín, mientras más grueso es más informal. Los calcetines no deben ser lo primero que la gente note.

• Zapatos. Mientras más gruesa es la suela, más informales son, lo mismo que las costuras contrastantes y los mocasines de ante o piel. Mujeres: zapato de piso, botas, tejidos, sandalias de meter.

El poder personal surge del interior. Sin embargo, muchos de nosotros ignoramos ese poder innato que tenemos. Es frecuente ver que detalles como un buen corte de cabello y ropa bien presentada provocan que ese sentido de seguridad surja en nosotros.

No temas perder tu autoridad si vistes informal; al contrario. Espero que esta lista te ayude a salir de este nuevo síndrome global que se llama *Casual Confusion*.

A continuación comparto contigo la experiencia que han tenido varias empresas con el "viernes casual".

VIERNES CASUAL

En muchas compañías se ha implantado con éxito, y no sin ciertos problemas, el viernes casual. Mientras otras se resisten argumentando lo siguiente: si lo permiten, la semana laboral se va a reducir a treinta y dos horas, el rendimiento del personal va a bajar, su gente ya no regresará después de la comida, si un cliente los visita darán muy mala impresión.

Las dificultades que en un principio encontraron quienes lo instituyeron fueron las que siguen. El personal se presentó demasiado fachoso, con *jeans*, camiseta del equipo favorito de futbol, algunos sin afeitarse; las mujeres con sandalias sin medias y ellos con *top-siders* sin calcetines, o con zapatos tenis. Asimismo, hubo quienes, en efecto, no regresaban por la tarde.

Sin embargo, las ventajas han demostrado ser varias. El clima laboral y la comunicación mejoran al romperse barreras entre personal de diferentes jerarquías y edades. El personal se siente más relajado, por ende más contento, y la productividad aumenta. Es más práctico y económico.

Ya que tiene sus ventajas, valdría la pena buscar la solución de los problemas que surgen.

Al instalar el viernes casual, algunas empresas cambiaron también a horario corrido de ocho de la mañana a tres de la tarde, lo que fue muy bien recibido, pues así la tarde del viernes se aprovecha para salir el fin de semana, convivir con los amigos o con la familia.

Aunque el giro de cada empresa permite mayor o menor grado de informalidad, habrá que aclarar que informal no significa ir de fachas. El primer problema radica en que desde el principio no queda claro qué quiere decir la palabra casual. Al contar con opciones que van más allá del traje, la camisa y la corbata, abren un mundo de posibilidades, y también uno de errores.

Sugiero pasar un cuestionario al personal para recoger sus opiniones. Esto hace que la gente se sienta tomada en cuenta y ahí comienza el efecto positivo. Si el consenso favorece la decisión, anuncia en el medio acostumbrado que las políticas en el vestir van a cambiar, y ofrece las razones. Establece reglas claras y concisas y comunícalas por escrito. Sobre todo, apela al sentido común y al buen juicio.

Sería prudente aclarar que la nueva medida no es obligatoria, pues habrá quien prefiera vestir de traje. Asimismo, debe mencionarse que si el viernes alguna persona de la empresa tiene cita con un cliente, debe vestir formal. No olvidemos que nuestra manera de vestir es una forma de comunicación no verbal y, además, de mostrar respeto por los demás.

Si diriges una empresa, a continuación te ofrezco una lista, que puedes distribuir entre tus empleados, sobre lo que "sí" y lo que "no" ponerse en viernes casual.

LO QUE SÍ

- Ropa planchada y limpia, de corte clásico.
- Colores neutros como caqui, ostión, azul marino, verde pino, negro, gris, camello, azul.
- Camisas de cuello de botones.
- Blazers o sacos sport.
- Vestidos de corte clásico.
- Coordinados de pantalón y saco.
- Pantalones de algodón o gabardina.
- Suéter cardigan o de tortuga.
- Camisetas tipo polo con cuello y botones.
- Chalecos lisos.
- Zapatos tipo mocasín o de gamuza con agujetas. Deberán hacer juego con el cinturón.
- Zapatos de piso o de tacón bajo cerrados.
- Calcetines siempre lisos o con algún estampado discreto.

- Siempre, medias.
- Cinturón discreto.

LO QUE NO

- Camisetas tipo *t-shirt* con fotos, logos o leyendas.
- Blusas sin manga, ombligueras, *strapless* o tipo *halter*.
- Cualquier color chillante o fosforescente.
- Cualquier prenda de mezclilla.
- Botas vaqueras, tenis, sandalias y huaraches.
- Bermudas, mallones o minifaldas.
- Ropa para hacer deporte como pants, sudaderas o uniforme de algún equipo.
- Ropa entallada, sean pantalones de *lycra*, camisas, faldas o jeans.
- Joyería o accesorios exagerados.
- Zapatos sin calcetines.
- Ropa desgastada.
- Calcetines blancos.
- Cachuchas y sombreros.
- Si tienes duda sobre una prenda, mejor no la uses.

¿Por qué no considerar la opción de implantar el viernes casual? No olvidemos que los tiempos cambian. Creo que vale la pena y, sobre todo, los resultados son positivos.

DE BOTAS Y PALIACATES

Las botas y los pantalones de mezclilla nos son de uso exclusivo de quienes se dedican a la agricultura o la ganadería. En muchas ciudades del país los visten empresarios, comerciantes, banqueros, curas y hasta presidentes, como es el caso de Vicente Fox.

Aunque a simple vista pareciera que la vestimenta no es un tema relevante entre quienes no usan traje, esta forma de vestir conlleva todo un lenguaje. Según el material, la marca, el tipo y la calidad de las prendas, se marca estatus, pertenencia y clase.

Aunque cada zona del país tiene sus particularidades, que pueden verse raras fuera de su región, hay artículos de uso generalizado que son motivo de orgullo para quien los lleva.

Hay tres artículos que son muy importantes y hablan mucho de quien los usa: el sombrero, el cinturón y las botas.

El sombrero

Fundamental. Dependiendo del clima es de paja en la época de calor, o de fieltro en el invierno. La calidad de los de fieltro, llamados "tejanas" se clasifican por el número de "X" que tenga. Aunque nos parezca imposible, hay sombreros con "100 X" que cuestan cuarenta o cincuenta mil pesos, y uno de batalla, digamos un "20 X", vale entre dos y tres mil pesos. Los de paja son más económicos, pueden ir de doscientos cincuenta a seis mil pesos, si se trata de un panamá fino.

El cinturón

Es un orgullo llevar un cinturón "piteado", que es de cuero bordado a mano con fibra de maguey, con algún tipo de greca. Cada día es más difícil encontrar buenos, ya que es una artesanía laboriosa que las nuevas generaciones ya no tienen la paciencia de tejer. Los más famosos son de Colotlán, Jalisco. Ahora se fabrican unos a máquina con hilo de hamaca y, a leguas se nota la diferencia.

La hebilla es importante, se considera de buen gusto la discreta, en forma de herradura que puede ser de piel o de plata, con las iniciales pequeñas del usuario o con el fierro del rancho.

Hay quienes para los días de fiesta, para ir a las carreras parejeras o la feria de su pueblo, usan una hebilla más llamativa que pude ser un centenario de oro con brillantes u otras piedras preciosas las cuales, me parece, se ven como de "narco".

Las botas

Las botas vaqueras se fabrican con infinidad de pieles, como: avestruz, tiburón, víbora, mula, venado o sapo. Y por supuesto en cuero de res en todos los colores.

Las botas muy picudas, como para matar pulgas arrinconadas (como dicen) o con tacón cubano (el que se corre hacia adentro) no se consideran muy elegantes. Son mejores las estilo "Roper", que son más cómodas, no tan picudas y de tacón bajo y plano. El botín de charro al tobillo, es muy popular en el norte y obviamente en la charrería. En el centro del país se usa más la bota campera, que es un injerto entre la bota vaquera y la inglesa, que se utiliza para la equitación en el campo.

La camisa

Es imprescindible que ésta lleve dos bolsas de parche en el pecho, de preferencia que se cierren con botón, no con broche. La razón de las bolsas es que guardan mil cosas en ellas: el dinero aprisionado con una liga, una libreta, calculadora, anteojos, cuentas, puros y hasta un dulce. Aunque hay todo tipo de telas y estampados como: poliéster, fuego, dragones, y rayos; lo elegante es que sean de algodón, lisas en tonos neutros o caqui (nunca negras) o de raya fina vertical. De manga corta sólo para usar en las actividades cotidianas y manga larga para situaciones formales.

En el sureste, la guayabera es imprescindible por razones de clima, y a veces por seguridad, ya que debajo de ella se esconde muy bien la pistola o la navaja; aunque también disimula muy bien la pancita. Cotidianamente se usa de algodón y para ocasiones formales de lino. Las nuevas generaciones ya la sustituyeron por camisas de marca estadounidense.

Los pantalones

Los *jeans* son básicos, aunque también se usan de gabardina o algodón. El corte debe de ser tipo vaquero, aunque en el sureste se usan más anchos por el calor.

Es importante considerar que vestir así se ve bien dentro de la región donde son prendas comunes. Tan mal se veía un señor de traje en un rancho, como un señor de vaquero en una ciudad. Algo que no perdonan quienes conocen de esto, es mezclar prendas vaqueras con otras que no lo son. ¿Te imaginas a un señor vestido de vaquero con mocasines? Lo mismo sucede con un traje acompañado de botas. Que me perdone Vicente Fox. Lo importante es tener la sensibilidad para vestir en la forma adecuada a cada momento. ¿No crees?

Domina el miedo y
habla en público

Sé interesante, sé entusiasta... y no hables demasiado.

NORMAN VINCENT PEALE

HABLAR EN PÚBLICO... ALGO BÁSICO

¿Por qué algunas personas capturan de inmediato la atención de su auditorio y la conservan a lo largo de una ponencia?

Hay sin duda muchos secretos. Comparto contigo lo que he investigado sobre el tema, lo que he aprendido en 25 años de dar clases y conferencias y, sobre todo, lo que me han enseñado mis errores.

Es posible que algunas técnicas te parezcan interesantes y otras no vayan de acuerdo con tu manera de ser o cierta situación. Lo importante es que puedas recordar tres o cuatro que te ayuden cuando necesites hablar en público.

Lilly Walters, autora de *Secrets of Sucessful Speakers*, compara una presentación en público con el cuidado de un árbol. Como la metáfora me parece muy buena y útil, la comparto contigo.

• Lo primero es seleccionar una semilla: decidir qué queremos lograr con nuestra presentación.

- Después, encontrar tierra fértil para plantarla; es decir, el auditorio adecuado para nuestro tema. Como en general no podemos elegirlo, entonces podemos agregar fertilizante para transmitir nuestro mensaje.
- Plantamos la semilla, conocemos la tierra y aprendemos a vencer los obstáculos que nos frenan para crecer y cambiar.
- Enraizamos bien la semilla; es decir, trabajamos en la credibilidad de nuestra presentación. Puesto que somos expertos en el tema, así nos presentaremos.
- Desarrollamos un tronco sólido; es decir, un solo tema.
- Creamos ramas fuertes con nuestro material, historias, anécdotas y dinámicas. Queremos impactar.
- Podamos las ramas secas del árbol constantemente. Esto significa editar nuestra presentación.
- Ayudamos a que las hojas crezcan brillantes con ideas novedosas, con el cuidado de nuestra apariencia, con los colores que usamos y con nuestra voz.
- Enseguida, llamamos a la audiencia a recoger el fruto. Eso significa motivarlos para que se lleven y apliquen la información que les ofrecemos.
- Después, al remover la tierra aprendemos a trabajar con el auditorio y a construir un *rapport* (empatía, conexión, compenetración) con ellos.
- Por último, debemos utilizar estrategias para evitar que el árbol se marchite. Esto quiere decir, asegurarnos de saber manejar los imprevistos: un micrófono que no funciona, se va la luz o, simplemente, aparece una persona con el ánimo de hacernos pasar un momento difícil.

CÓMO HACER UNA PRESENTACIÓN EFECTIVA

No existen secretos para ser un comunicador de éxito: sólo prepararse, conocer el tema y preocuparse por el bien de la audiencia.

LEO BUSCAGLIA

Éste es el gran reto. Por eso hay que plantearlo de manera que nuestro objetivo sea algo más que transmitir mera información. Debe apuntar a cambiar las actitudes y acciones de quienes nos escuchan.

Tome en cuenta que la gente no piensa tanto en el presentador como en ella misma. Por tanto el éxito de la presentación residirá en lo que el público reciba. El objetivo es que, después de escuchar, hagan, crean y sientan algo diferente.

Es importante resumir nuestro objetivo en unas cuantas líneas, para tenerlo muy claro. Por eso conviene preguntarnos:

- ¿Cuál es mi propósito? ¿Qué quiero lograr?
- ¿Qué me apasiona? Para influir en la gente, tengo que ser un apasionado de mi tema.
- ¿Qué me mueve a hacer algo por los demás?
- ¿Por qué creo en el producto o idea que voy a exponer?

Elije una semilla que te permita comunicar pasión y compasión con un propósito, para así poder motivar, cautivar y persuadir.

Independientemente del tema que vayas a exponer, hay que tener en cuenta que la mayoría de las personas buscamos éxito profesional y personal, felicidad, reconocimiento, respeto, belleza, salud, riqueza, poder o energía. Procura que tu presentación toque de manera directa o indirecta alguno de estos temas, para crear empatía con la audiencia.

Conoce a tu audiencia. Si se trata de ingenieros, contadores o científicos, conviene acercarse con gráficas y detalles que no sean monótonos; sino más bien creativos, artistas o altruistas, podrías motivarlos con historias, apelando a la emoción, a los sentimientos. Si consigues averiguar por anticipado los nombres de algunos participantes, eso te ganará respeto y credibilidad al mencionarlos en la plática.

Pocas cosas hacen sentir a una audiencia tan importante como que el presentador se haya dado tiempo para conocer su historia, su forma de hablar, algunos nombres, términos, una broma local. Si logras hacer estos ajustes antes de presentarte, vas a impactarlos.

CÓMO VENCER EL MIEDO

> *Los conferencistas expertos tienen control total de sus miedos. Hacen del miedo su esclavo, no su amo.*
>
> DOUG MALOUF

Todos sentimos el miedo de exponernos a los demás y correr el riesgo de equivocarnos. Sin embargo, podemos reducirlo en un 75 por ciento con preparación, un 15 por ciento respirando profundamente y el 10 por ciento restante al visualizar lo bien que lo haremos. Está en nuestras manos controlarnos.

Primero que nada, es importante aprender de memoria una apertura para la presentación. Puede ser una anécdota, una pregunta que invite a la reflexión o un hecho histórico.

Cada vez que vayas a exponer, recuerda que el 90 por ciento del resultado dependerá de lo que estudies antes de subir al estrado.

Sugiero:

- Lee la presentación muchas veces en silencio y otras tantas en voz alta.
- Practica frente a un espejo. Esto te dará la oportunidad de observar tus gestos, postura y expresiones faciales.
- Graba la presentación, a fin de corregir los puntos en que dudes o parezcas inseguro. Anota los errores.
- Si puedes conseguir equipo de video, mejor.

LA CREDIBILIDAD ES IMPORTANTE

Si queremos que la gente nos crea, tenemos que ser expertos en nuestro tema y dominar los conceptos que vamos a abordar. Aunque no todo lo que sabemos vaya a exponerse, de inmediato se percibirá que somos expertos.

Es horrible sentir que, por falta de preparación, la audiencia sabe más que nosotros. La gente considera una pérdida de tiempo asistir a una charla en donde el conferencista no está seguro de lo que dice o no domina el tema. La gente nos escucha porque piensa que podemos enseñar algo, que plantearemos soluciones o alternativas que mejorarán su circunstancia. No podemos defraudarla. En cambio, todos sabemos de personas que han ascendido muy rápido en su carrera profesional gracias a la impresión que causan cuando exponen un tema.

Una vez que te sientas preparado, que hayas ensayado suficiente, concéntrate en el siguiente aspecto.

LA RESPIRACIÓN

Por alguna razón, cuando estamos nerviosos nos olvidamos de respirar normalmente y esto nos estresa aún más. Así que respira profundamente varias veces y suelta el aire poco a poco hasta que logres tranquilizarte.

Esto nos lleva al tercer punto para vencer el miedo.

MENTALIZARNOS

Las investigaciones sobre las funciones del cerebro, aseguran que la mente humana sólo puede tener un pensamiento a la vez. De nosotros depende que ese pensamiento sea positivo.

Es mejor decirnos: "Si puedo, es fácil y lo voy a lograr", "Les va a encantar tu exposición", en vez de autocriticarnos, de echarnos encima frases negativas. Si nos damos afirmaciones obtendremos poder y confianza.

Si en plena presentación te entra un ataque de pánico, sientes que te tiemblan las rodillas, el corazón te late a todo lo que da y se te seca la boca, recuerda que no estás solo. Hablar en público es la primera causa de pánico en el mundo actual y todos lo hemos sentido. Tu objetivo, recuérdalo, es vencer el miedo.

Al subir al estrado, o al entrar a la sala de juntas, en vez de preocuparte por ti mismo y sentir miedo, piensa que te sientes feliz, que a la gente le va a servir mucho lo que vas a decirle. Imagínate que te tiras un clavado en una alberca profunda, te impulsas para salir y contemplar el sol. Lo difícil es tirarse el clavado y recibir el impacto del agua en el cuerpo, después es solamente disfrute (si vamos preparados).

LA BOCA SECA

A causa del estrés, antes de empezar una presentación casi siempre sentimos la boca como forrada con algodón seco. Para solucionar esto, te sugiero que te muerdas ligeramente los cachetes o la lengua. O bien, imagina que chupas un limón. Te aseguro que funciona.

Ser honestos también puede sacarnos de apuros. ¿Por qué no comentar con nuestra audiencia que estamos un tanto nerviosos? Es humano. La mayoría de las veces la gente lo comprende y su respuesta es positiva.

Para concluir, me gustaría comentar que el miedo es positivo. Nos da dinamismo, nos llena de adrenalina y de energía y nos pone alerta. El secreto es convertirlo en nuestro aliado.

> *Para ser un buen presentador:*
> *1. Conoce tu tema.*
> *2. Conoce tu tema.*
> *3. Conoce tu tema.*
>
> HARVEY DIAMON

El tema es la columna vertebral de la presentación. El tronco del árbol del que hemos hablado. Es la estructura central que unifica el todo y sirve como herramienta de retención. Así como un nuevo producto necesita un eslogan para ser recordado.

Para elegir un tema memorable hay que preguntarnos:

- ¿Estimula la mente?
- ¿Da energía y motiva a actuar?
- ¿Toca de alguna manera los corazones?
- ¿La información ayudará a tomar decisiones?

El tema debe ser simple, memorable, claro y comprensible. Infinidad de estudios han comprobado que la gente sólo recuerda el diez por ciento de lo que decimos. Por eso es tan importante decidir qué queremos grabar en su memoria.

Lo primero que tenemos que definir es nuestra misión y los cambios de actitud que queremos provocar en quienes nos escuchan. Hay que desarrollar el tema en torno a estos dos puntos.

Resulta muy práctico escribir las ideas dominantes que deseamos que la gente se lleve a casa. Luego pensemos qué frases cortas van a soportarlas.

CÓMO HACER UNA PRESENTACIÓN INOLVIDABLE

Exprésate con sencillez.
Después, repite el mensaje.

JACK ANDERSON

Comparto una experiencia: se me graban mejor las pláticas que tienen pocos puntos, adornados con anécdotas, y las que contienen historias que me hacen reflexionar o me motivan a actuar.

¿Cuántos puntos conviene tener? Comparto contigo lo que he aprendido en 25 años de hablar en público:

Primero, nadie puede recordar más de tres puntos así que hay que tener tres puntos mayores y tres menores que los sostengan.

Algunos conferencistas prefieren cuatro puntos, pero no más. todos nos dormimos con las listas. Qué flojera llegar a una presentación en la que nos amenazan con tratar diez puntos, y además los presentan con un texto abundante en información, cuartillas y cuartillas con letra pequeñita. Jamás lo hagas.

Además, el tres es un número importante. Recordemos tercias de la vida: Padre, Hijo y Espíritu Santo; fe, esperanza y caridad; mañana, tarde y noche; los tres ositos; los tres cochinitos; La Niña, La pinta y La Santa María.

Las series de tres tienen un ritmo interno que causa una sensación de estructura y satisfacción. Sin ir más lejos, pensemos en cuántos chistes de tres elementos conocemos. "Había un mexicano, un español y un chino…" "Primer acto… segundo acto… tercer acto."

¿POR QUÉ FUNCIONAN?

Porque el primer punto presenta, el segundo desarrolla y el tercero concluye, aunque se puede ir en sentido inverso y provocar sorpresa.

CÓMO HACER NUESTRO MATERIAL ORIGINAL

Se trate de la presentación de un proyecto, de convencer a un cliente, de buscar inversionistas para una compañía o de vender una idea, mientras más historias y anécdotas adornen la ponencia, mejor. Si se nos ocurrieron a nosotros, son una excelente herramienta porque las contamos con entusiasmo, sin "acordeón", y eso se siente, se transmite y humaniza el relato.

Un amigo escritor me cuenta que siempre trae una pequeña libreta con él. La lleva a todas partes y anota lo que le llama la atención: una broma, algo que sucede, una imagen, una actitud, una persona. Así va creando su archivo de sensaciones y emociones que después utiliza en sus novelas. Como presentadores debemos hacer lo mismo. Si queremos enriquecer nuestras pláticas necesitamos material fresco, actual, y para percibirlo hay que tener los cinco sentidos abiertos todo el tiempo, estemos

donde estemos. Seamos curiosos, preguntemos, hablemos con la gente, coleccionemos experiencias. Algún día
nos pueden servir.

LA DURACIÓN

> *Convierte tus pensamientos en un camino*
> *fácil de seguir.*
>
> JEFF DEWAR

Recuerdo que una vez, en una presentación de Julio Igle-
sias, le pidieron a Jacobo Zabludovsky (todos conocemos
a tan experto comunicador) que pasara a decir unas pala-

233

bras. Con toda parsimonia, se levantó de su mesa, caminó al micrófono, hizo una pausa y dijo: "De pequeño mi abuelita me dijo: Jacobito, cuando hables en público párate derecho para que todos te entiendan, habla claro y fuerte para que todos te escuchen y sé breve para que no se aburran".

La gente le aplaudió mucho. Siempre será mejor dejar a la gente con el deseo de escuchar más, a que esté viendo el reloj, la puerta de salida o el techo, por más interesante que sea lo que digamos. En este caso, menos es más.

LA ESTRUCTURA

El escritor Rudyard Kipling señalaba que había tenido seis honestos maestros que le enseñaron todo lo que él sabía. Sus nombres son: qué, quién, dónde, cuándo,

cómo, y por qué. Si contestamos estas seis preguntas encontraremos que la información fluye y podremos crear una estructura sólida y memorable.

Una vez que se tenga la información básica, digamos el esqueleto de la presentación, hay que agregar frases célebres, un poco de humor, anécdotas, teorías y datos duros.

Tony Buzan —de quien recomiendo su libro, muy útil para organizar las ideas— desarrolló la técnica de los "mapas mentales". A grandes rasgos, esta técnica consiste en crear dibujos que nos recuerden los puntos esenciales, disponerlos en el sentido en que avanzan las manecillas del reloj y usar diferentes colores. Esto nos ordena muy bien la mente.

Alguna vez leí que un presentador sugería escribir la introducción al final, porque es lo que atrapa la atención. Él empezaba con el cuerpo, seguía con la conclusión, la invitación a la acción y por último trabajaba en el principio.

Asimismo, es mejor apoyar la presentación con la proyección visual del texto, siempre y cuando sea corto, tenga colores y letra grande.

Es importante estar consciente de que, por más que nos preparemos, el auditorio participa, el lugar y la hora influyen, la temperatura y el confort afectan, así que, como decía Dale Carnegie, "siempre hay tres conferencias por cada una que doy: la que practiqué, la que di y la que hubiera querido dar".

LA VOZ

Decía La Rochefoucauld: "El tono de la voz, los ojos y la presencia son tan elocuentes como las palabras".

Cuando vayas a exponer, cuida tu voz. Evita las bebidas y los alimentos muy fríos o muy calientes, no fumes (los fumadores deben respirar bien) y, sobre todo, habla con convicción.

CÓMO ME VISTO

Tu arreglo es una señal del respeto que sientes por la audiencia.

LILLY WALTERS

Volvamos al tema de la apariencia. Hay que vestirnos para ganar... desde lejos. Esto quiere decir, vestir bien pensando en que la gente nos ve a distancia.

En *Todo sobre la imagen del éxito* he profundizado en el tema de cómo vestir. Sin embargo, en esta situación podemos decir que mientras más profesional se vea, mejor. Cuida que tu ropa tenga la menor cantidad posible de elementos que distraigan; es decir pocos botones o adornos, pocos colores, pocos accesorios. Si eres mujer, cuida no utilizar pulseras que hagan ruido al acercarte al micrófono.

Dependiendo de quién te va a escuchar, pregúntate qué tanta autoridad quieres proyectar. Si tal autoridad es menor de lo que espera la gente, no captará el interés a la primera; si es mucho mayor, te costará trabajo interesar a la audiencia, que se distraerá fácilmente.

En general, si quieres proyectar autoridad vístete en tonos oscuros, con trajes sastres ajustados (no embarrados) y los botones cerrados. Las prendas muy anchas restan presencia.

Algunas características de los colores

- *Azul oscuro*. Es el más popular, denota inteligencia, conocimiento, credibilidad, poder, fuerza. Los azules claros, calman.
- *Rojo*. Energético y dinámico. Movimiento, peligro, rapidez.
- *Amarillo*. Alegre, acción, ansiedad.
- *Café*. Tranquilo. Ten cuidado al elegir el tono para que no luzca aburrido o mediocre.
- *Negro*. Muy autoritario, quizá demasiado.
- *Blanco*. Transmite juventud y pureza, pero contrasta tanto que la audiencia no nos ve. Sólo se nota algo blanco cuando se mueve.

Un punto esencial es vestirnos con ropa que nos quede bien, cómoda y que nos permita movernos sin tener que tirar de la blusa o el saco.

Los zapatos son importantes. Si eres mujer, considera que caminar como pollo espinado empobrece considerablemente tu imagen; además, terminarás agotada.

LA IMAGEN EN GENERAL

Nunca puedes recuperar tu reputación.

BOBBY GEE

Hace poco fui a un congreso. La conferencista más esperada y de mayor renombre empezaría en unos minutos. Me la encontré casualmente en el pasillo. ¡Estaba haciendo una bomba gigante con un chicle! Cuando me vio, inmediatamente se metió el chicle a la boca, se rió y empezó a masticar, según dicen en mi pueblo, como tortillera.

La escena se me quedó grabada y no logré reconstruir su imagen durante la plática. Su mensaje simplemente me pasó inadvertido.

Los presentadores tenemos que cuidarnos en todo momento. La gente nos observa. Espera ver a un profesional que se comporta como tal.

Cuidemos nuestra forma de caminar, de comer, de beber; evitemos las bebidas alcohólicas antes de una presentación. Si fumas, decide dónde hacerlo. Estamos en posición vulnerable.

EL MOMENTO DE LA PRESENTACIÓN

• Antes que nada, verifica que la gente te está escuchando. Si ves que el público empieza a perderse, hay que hacer o decir algo que rompa de golpe la distracción. La gente se desconecta cuando se cansa, cuando no descubre para qué va a servirle lo que escucha, cuando tiene problemas personales y está preocupada, cuando no cree lo que le dicen. Hay que saber percibir qué ocurre y tratar de poner remedio a tiempo. Los dinámicos funcionan muy bien.

- Presenta un mensaje claro y comprensible. Usa una estructura simple de sólo tres puntos.
- Asegúrate de que tu mensaje sea y suene veraz.
- Para que la gente recuerde el mensaje usa técnicas, frases, historias, imágenes, movimientos con el cuerpo.
- Si tu presentación motiva a actuar o sembró una semilla de cambio, puedes considerar que ha triunfado.

¿CÓMO ATRAPAR LA ATENCIÓN?

Eres lo que piensas. Eres por lo que luchas. Eres lo que haces. Aunque no suene muy profundo, millones de personas hoy no saben que estos tres pensamientos simples pueden cambiar su vida.

BOB RICHARDS

Lo mejor es hablar con entusiasmo. El carisma es la transferencia del convencimiento con que hablamos. Si el mensaje no emociona, lo contagiaremos a quienes nos escuchan.

Dirije tu mensaje a las necesidades e intereses de la gente. Las personas responden a lo que les importa, así que véndeles desde el principio el para qué y el por qué les va a ser útil lo que dirás. Puedes decir algo como: "Cuando se vayan, ustedes sabrán…, ustedes podrán…

Estoy seguro de que después de escuchar mi propuesta cambiarán totalmente su visión de…"

Cuando exponemos algo, automáticamente nos convertimos en vendedores. Para que la audiencia nos compre una idea, tenemos que exponerla con entusiasmo, honestidad y venderla bien. ¿Cómo? Atrapando la atención, despertando el interés, apelando a las emociones e invitando a la acción.

RAPPORT

> *Relaciónate con ellos y ellos se relacionarán contigo.*

PHILIP CROSBY

Para que el mensaje se transmita con efectividad tenemos que crear lo que en programación neurolingüística llaman *rapport* con la audiencia; es decir, empatía, conexión, compenetración.

Cómo hacerlo

- Al hablar, mira a la gente a los ojos.
- Procura que tu mensaje no suene prefabricado o de memoria. Los sentimientos y las emociones tienen que estar presentes.
- Es mejor no leer y hablar sin consultar tus notas con frecuencia.
- Habla *con* la audiencia no *a* la audiencia. ¡Es toda la diferencia! Como dice Ralph Archbold: "Una buena

presentación es una conversación uno a uno con cada miembro de la audiencia".

- Una técnica que siempre funciona es mezclarse con la gente antes de la presentación. Llegar temprano, platicar, saludar; en caso de que no la conozcas, oír cómo hablan, preguntarles qué hacen, cómo lo hacen y qué esperan de la conferencia; aprenderse algunos nombres para mencionarlos en la plática en señal de "ustedes me importan", ya los conozco.
- Es mejor no permanecer detrás del podio o de una mesa. Si es posible, bajemos con la audiencia, caminemos entre ella, hablemos de cerca.
- Hablemos desde el corazón para que el mensaje llegue. Con humildad y sencillez, hagámosle sentir a la gente que nos importa.

LAS PREGUNTAS

¿Qué hacer? Nunca falta una pregunta que o se sale del tema o no conocemos la respuesta.

Por supuesto puede ser: "Qué excelente pregunta ¿Alguno de ustedes ha tenido una experiencia con ese tema?" La gente quiere ayudar. Si nadie conoce la respuesta, podemos confesar abiertamente que tampoco la tenemos y pedir a quien preguntó que anote el tema en su tarjeta para responderle más tarde.

Si llega el momento de las preguntas y nadie habla, una técnica efectiva es romper el grupo en pequeños equipos y pedir que discutan lo que escucharon, para que luego compartan sus dudas y se animen a exponerlos en público.

Otra herramienta consiste en dar cinco minutos y pedir que comenten con su vecino de la derecha los puntos principales de la presentación. Las preguntas surgen inmediatamente.

Al exponer algo en el extranjero con un traductor simultáneo

- Habla despacio.
- Haz pausas.
- Evita las palabras de moda, los localismos
- Ten cuidado con el humor, porque no se traduce bien.
- El sarcasmo no se entiende.
- Investiga un poco sobre la cultura local, porque hay ejemplos que no funcionan en otros países. O algunos detalles como que los asiáticos se incomodan con el contacto visual directo.

¿QUÉ HACER CON LOS ACCIDENTES?

Me refiero a cosas tan comunes y atroces como que tropecemos al subir al estrado, el micrófono no sirva, se apaguen las luces de pronto, se descomponga el proyector, se nos olvide algo, nos quedemos en blanco.

Antes que nada, es mejor prevenir. Piensa en tu presentación como en una superproducción, un espectáculo en el que debes cuidar hasta el último detalle. Si puedes, será mejor que acuerdes cómo van las luces, organiza la manera de sentar a la gente, solicita dos micrófonos (uno para ti y otro para la audiencia), envía el material con anticipación y llega un día antes para revisar todo. ¡Qué maravilla! Si con todo, durante la presentación sucede algo, mientras el problema se soluciona recurre al humor, haz una dinámica o propón un ejercicio en el que se discuta colectivamente un punto.

MÁS CONSEJOS PRÁCTICOS

- La entrada. Realiza una entrada entusiasta, con energía, alegre, sin llevar nada en la mano. Al llegar al estrado espera unos minutos, ve a la gente antes de empezar a hablar. Toma un instante para obtener la atención.
- Quién te va a presentar. Habla antes con la persona para ponerte de acuerdo. Lo mejor es llevar escrito en cinco líneas lo que quieres que se diga. Las presentaciones largas distraen y aburren. Y las muy cortitas no alcanzan a dar una panorámica del tema.
- Llega a tiempo, termina a tiempo.
- Haz un esfuerzo por no salirte del tema.
- Con la luz, encuentra un punto medio para que quienes escuchan y tú puedan ver la pantalla.
- Prepara el doble del material sobre lo que dirás, aunque finalmente no lo utilices.

ANTES DE UNA PRESENTACIÓN ES CONVENIENTE...

- Comer ligero.
- Evitar bebidas gaseosas.
- Evitar el alcohol.

- Evitar el té y el café porque son diuréticos.
- Beber poca agua.
- Llevar agua en pequeñas botellas.
- Practicar lo que vamos a presentar.
- Probar luces, micrófonos y proyección.
- Apuntar los nombres de la gente importante. Cerciorarnos de la pronunciación correcta de tales nombres.
- Respirar profundamente varias veces.
- Entrar con paso firme y decidido al escenario.

PARA CONCLUIR

Todo comienza en el corazón. Si tu corazón
está bien, el resto también lo estará.

RALPH ARCHBOLD

Cuando tenemos la oportunidad de presentar un tema, asumimos una gran responsabilidad. La gente que nos escucha nos está dando algo muy valioso: su tiempo. Consideremos que lo que digamos puede influir en ella, motivarla y, muchas veces, cambiarla.

Nuestro prestigio depende en gran medida de cumplir lo que decimos y ser congruentes con nuestras ideas para transmitirlas con credibilidad. Como dijo el sabio escritor Bernard Shaw: "No soy un maestro, soy sólo un viajero al que preguntas cómo llegar a tu destino. Yo señalo hacia adelante, hacia delante de mí y de ti".

Aprovecha las juntas

Cuando un directivo dedica más del veinticinco por ciento de su tiempo a juntas, es que se organiza mal.

PETER DRUCKER

LAS JUNTAS, ¿PÉRDIDA DE TIEMPO? ¡NO MÁS!

¿Cuántas veces hemos participado en una junta de la que, después de hora y media, salimos con la impresión de que fue una total pérdida de tiempo y el asunto pudo arreglarse con una llamada telefónica?

Las juntas pueden hacer que se resuelvan mil cosas o que se pierdan quince horas por semana de trabajo efectivo. Hay empresas a las que les fascinan las juntas. Quizá el estilo del director ha creado esa cultura. Lo cierto es que la habilidad de organizar las ideas y saberlas expresar, es tan importante como las ideas mismas.

A continuación te presento algunas sugerencias para que una reunión sea efectiva.

LA ORGANIZACIÓN

- Si nos llaman a una junta de ésas que sabemos medio inútiles y existe la posibilidad de faltar (porque a veces no queda de otra), podemos hacer algunas preguntas en las que se sugiera de manera sutil que nuestro tiempo es valioso. Por ejemplo: "¿Es obligatorio que vaya?" "Ese día tengo una cita, ¿es mi presencia tan importante como para que la cancele?" "¿Puedo enviar un representante?" "¿Te importaría que te mande mi opinión por correo electrónico?"

- Mientras más alto sea el puesto que ocupa una persona en una empresa, más expectativas tiene la gente sobre sus habilidades para dirigir la reunión. Si en nuestras manos está organizar la junta, convoquemos a las personas sólo cuando haya un tema importante que exponer, cuando se trate de informar a todos de manera rápida y no se quiera hacerlo por escrito, cuando se requiera retroalimentación para una idea o bien se desee contagiar a todos el entusiasmo sobre un nuevo proyecto. Evitemos juntar a la gente para demostrar poder, para quejarnos, en sustitución de un trabajo que nos corresponde hacer o para validar una decisión ya tomada.

- Se deben exponer ideas claras y ordenadas. No hay nada más frustrante en una junta que la desorganización. Para esto son muy útiles los mapas mentales, ya que sintetizan las ideas en una palabra, una frase corta o un dibujo y nos obligan a organizarlas visualmente. Utiliza colores, expresa una idea con dibujos y usa líneas para conectar un concepto con otro. Si la mente lo entiende, dice sí.

- Dispongamos de un orden del día. Esto no obliga a que la junta sea formal o no se puedan decir las cosas de manera espontánea. Sucede que en este tipo de reuniones es muy fácil salirse del tema y divagar, y tener un orden nos proporciona a todos la tranquilidad de saber que la junta tiene una dirección.

- Empecemos por el punto más importante, el tema de mayor controversia. Si iniciamos con los temas de rutina y dejamos el asunto clave para el final, es posible que el tiempo no alcance.

LA PRESENTACIÓN

- El lugar que las personas ocupan al sentarse en una junta, es muy importante. Esto puede ser clave para el rumbo que tome la reunión pues afecta el modo en que interactuamos. Los estudios muestran que las personas sentadas una frente a otra se comunican más que las personas sentadas a la izquierda o la derecha. Sin embargo, sentarse directamente frente al otro, facilita la postura adversaria. Así que planeemos muy bien cómo nos acomodaremos.
- El cuerpo refleja a la mente, así que debemos vestir de acuerdo con la ocasión. Si bien las mangas alzadas, el cuello de la camisa abierto, el cabello despeinado, la silla echada hacia atrás y la mesa llena de papeles dan la idea de estar trabajando, esa imagen no siempre es la adecuada. Si queremos comunicar algo importante, debemos vestir de manera formal, sentarnos derechos, estar alertas y con los papeles organizados.
- Participemos en la junta. Aunque no hubiéramos querido ir, ya estamos ahí. Así que hay que poner atención a lo que se dice, en vez de jugar con la pluma, hacer dibujitos, ver el infinito o el reloj.
- Si nos toca encabezar la reunión, es importante estimular la participación de todos para generar ideas, cosa que se puede hacer de varias maneras. Después de presentar

un tema podemos pedir que levanten la mano, o hacer una pregunta abierta, como: "¿Qué piensan ustedes?", y sugerir que vayan contestando en círculo. Si notamos que una persona permanece callada, podemos decirle: "Juan, no te hemos escuchado. ¿Qué opinas?"

- Al presentar un proyecto, es muy bueno pedirle a dos o tres personas que hagan de "abogado del diablo" para que planteen todas las objeciones y obstáculos para motivar la discusión.

LA EXPOSICIÓN DE LAS IDEAS

- Hay personas a quienes les encanta tener los reflectores sobre ellas y oídos que las escuchen, por lo que caen en la tentación de tomar la palabra sin razón. Opinan de todo, saben de todo y cuentan historias de lo que alguna vez hicieron y que poco tienen que ver con el motivo de la reunión. A menos que el tiempo sea irrelevante para todos, es mejor no hacerlo.

- Si advertimos que una persona repite y repite lo mismo, o no suelta el micrófono, el coordinador puede hacérselo notar de dos formas: 1) de manera sutil y directa puede decir algo como: "María, ya entendimos tu punto de vista, vamos a escuchar qué opina alguien más"; o 2) por anticipado se escoge un objeto como una campana, un silbato o un ladrillo que se coloca en el centro de la mesa, y cuando alguien empieza a decir necedades, se coloca el objeto frente a él. Así, además de que el aludido se da cuenta, el hecho provoca risas y se rompe la tensión o el tedio.

- Participar no significa forzosamente opinar acerca de todo. Si alguien te da la palabra y sientes que no tienes nada que decir, mejor pasa. Puedes decir: "Creo que ya se dijo todo", o "como no conozco a fondo la situación, prefiero no opinar". Los demás lo agradecerán infinitamente.

- Cuando se trabaja en grupo, generalmente surgen diferentes puntos de visa sobre un tema. En la junta hay que ventilar las diferencias sin mencionar los nombres específicos de los responsables, de modo que las ideas se puedan evaluar objetivamente. "Por un lado, ha surgido la idea de que busquemos un socio financiero. Por otro, que mantengamos el cien por ciento de las acciones y se solicite un crédito".

- Evitemos ser de las personas que echan abajo cuanta idea se expresa sin, a cambio, hacer aporte alguno. Si criticamos las ideas de otros, eso nos obliga a aportar una brillante alternativa.

- Tampoco hay que callar si se está en desacuerdo con algo. Quizá te ha tocado asistir a juntas en las que hay mayor preocupación por el buen ambiente que por los resultados. Si el propósito de la reunión es generar ideas y retroalimentación, no temamos expresar lo que pensamos (desde luego, de buen modo).

- Procuremos cuestionar con tacto e inteligencia las cosas. ¿Qué pasa cuando ponemos en tela de juicio frente a todos la idea expresada por alguien? Es muy posible que la persona se ponga a la defensiva y el ambiente se tense, lo que no ayuda en nada. Para evitar esto: 1) parafraseemos lo que dijo el otro, a fin de demostrar que escuchamos bien; 2) invitemos a la persona a que nos saque de la duda o la confusión. Por ejemplo: "Luis, entiendo tu postura. ¿Quieres que contratemos una asesoría externa experta, porque tú crees que nuestra gente sola no puede verdad? Bueno, entonces ayúdame a entender, ¿por qué nuestro personal no va a poder, si tiene experiencia y la misma profesión de los de la compañía que mencionas?" O: "Está bien, ¿cómo piensas que podría hacer el pago inmediato que nos solicitan?

Preguntar positivamente en general hace que el portador de la idea, si no tiene las respuestas oportunas, por sí solo se dé cuenta de que su idea no es la mejor.

• Evitemos que la discusión de un tema se convierta en una lucha personal entre dos individuos. Inevitablemente, los que escuchan empiezan a tomar partido. Entonces las ideas opuestas se convierten en batallas de ego y la junta tendrá un ganador y un perdedor, lo que no es conveniente. Si notamos que nos quedamos discutiendo con otra persona, podemos decir algo como: "Bueno, vamos a abrir el tema de nuevo. Carlos, tú dijiste que tal y tal, y Laura, tú mencionaste tal cosa". La idea es que todos contribuyamos y la mejor opinión sea asumida por el grupo en conjunto.

CÓMO PRESENTAR LAS IDEAS

Hay detalles que hacen que nuestras ideas se perciban de diferente manera. Por ejemplo:

• El hecho de exponer algo sentados da la impresión de que las ideas son informales y espontáneas. La postura habla de que estamos en igualdad de circunstancias con el grupo y buscamos que todos expresen pros y contras del asunto.

- Si lo que buscamos es hacer valer cierta autoridad en al junta, lo mejor es hablar de pie. Cuando alguien se levanta para decir algo, por lo general el resto del grupo se echa atrás y lo deja tomar el control del escenario temporalmente. La dinámica del grupo cambia y de una discusión informal pasa a una presentación formal. Implícitamente se comunica que el asunto a tratar es de especial relevancia y se sale de lo ordinario.

  Tomemos en cuenta que al levantarnos nuestras palabras cobran más autoridad, por lo que es probable que recibamos menor retroalimentación. Los que están de acuerdo se abstienen de expresarlo, pues piensan que es obvio que no necesitamos ayuda. Y aquellos que no están de acuerdo quizá no se atrevan a contradecirnos en público; es frecuente que reserven sus comentarios negativos para el pasillo.

  Algunas veces podemos hacer las dos cosas. Presentar la propuesta de pie y sentarnos para darle seguimiento y ceder la palabra a otra persona. También podemos utilizar un banco alto, ya que al mismo tiempo que la posición nos da autoridad, sentados nos vemos relajados.

- Recordemos que la naturaleza nos dio dos oídos y una boca para escuchar el doble de lo que hablamos.

CUANDO DIRIGES LA JUNTA

Si vas a exponer una idea, más vale hacerlo bien, con seguridad, en voz alta y bien proyectada, tal y como lo hace un actor cuando toma el escenario. Evitemos comenzar con palabras y tono que reflejen duda, como: "Bueno, quizá ya se haya dicho esto antes, pero yo quiero exponer…", O: "No quiero decir que no estoy de acuerdo con lo que ya se ha dicho, pero simplemente; me gustaría dar… este… bueno… otro punto de vista". ¡Qué horror! Para cuando acabemos con esta introducción, sin duda todos, mentalmente, nos habrán descartado.

• Para captar la atención de todos, usemos el método del cine actual. La primera escena es plena acción; vemos la persecución de un coche o soldados ya en batalla. Del mismo modo, comencemos con una frase que capte la atención, por ejemplo: "Tengo una idea arriesgada, pero innovadora". Evitemos hacer largas introducciones que aburren a todos y no dicen nada. Me ha tocado escuchar a personas que, cuando toman la palabra, dan unos rodeos impresionantes antes de ofrecer su punto de vista. Me dan la idea de que lo que quieren es lucirse. Cuánto se agradece a quien va directo y al grano. Por ejemplo: "Dos comentarios al respecto: la máquina funcionaría más rápido y la producción se optimizaría".

• Usemos un tono coloquial aunque las ideas sean formales. Hablar en tono pomposo y engolado, aun en las juntas de consejo, se oye tieso y pasado de moda. En lugar de decir: "Les informo que los resultados de la investigación del último semestre por la división a mi cargo, vigente desde el primero de enero de este año, son…" Afirmar: "El reporte de nuestro departamento es el siguiente…"

- Hablemos *con* la gente, no *a* la gente. A nadie le agrada escuchar a una persona que habla con tono de "soy dueño de la verdad". Es más agradable ver a alguien accesible, abierto a una pregunta o una duda, que en vez de ver sus notas, el techo o el piso, ve a los ojos y usa la palabra "nosotros" en vez de "ustedes" o "yo".

- Recordemos que los seres humanos no siempre tomamos las decisiones por pura lógica, somos emotivos. Así que al proponer algo, usemos la emoción para que la gente "sienta" las cosas. Al exponer, no sólo hablemos de estadísticas, números o ideas abstractas. Hablemos de personas específicas, de lugares y compañías específicos. Esto hace que percibamos las cosas de manera diferente.

- Cuando proponemos una idea que depende de la aceptación de los demás, cuidemos que nuestro lenguaje corporal no "ruegue aprobación". Nuestra mirada y tono de voz deben expresar sinceridad, decisión y aplomo, no "ayúdenme". Si alguien nota (especialmente nuestro opositor) que al hablar ponemos ojos de borrego a medio morir, ten la seguridad de que se encargará de arrastrarnos por las calles.

- Procuremos no sorprender al jefe con una idea nueva frente a todos. Es mejor proponérsela con anterioridad en privado. Por dos razones. Una, si está de acuerdo, ganamos su apoyo al sentir que le damos su lugar. Dos, en caso de que no apruebe la idea, evitamos pasar la incomodidad en público.

- Asimismo, si buscamos que todos los integrantes de la junta apoyen nuestra idea, copiemos lo que hacen las grandes firmas: cabildear. Busquemos el apoyo en forma personal. Podemos invitar a cada uno a tomar un café, invitarlo a comer fuera o a cenar a nuestra casa.

- Al término de la junta, evitemos dejar temas en el aire, sin solución. Para esto es bueno resumir las ideas que se han expuesto, pedir el voto de los integrantes y abrir un espacio para preguntas y respuestas.
- Al final, quien dirija la junta debe agradecer a todos su participación y reconocer las ideas que de allí surgieron. Si tales ideas fueron nuevas, convincentes o relevantes, hay que mencionarlo, y aun si fueron malas, pues también tienen mérito.

Espero que estas ideas ayuden a que tus próximas juntas sean más productivas y, sobre todo, que nadie se vaya con la idea de que fue una pérdida de tiempo.

Negocia como experto

*No hay malos negocios, sólo buenos o malos
negociantes.*

MARK McCORMOCK

PERSUADE Y CONVENCE COMO EL MEJOR

El éxito en cualquier negociación se basa, sin duda, en
nuestra capacidad para persuadir y convencer. El proceso está lleno de sutilezas que pueden hacer que las discu-
siones sean agradables y respetuosas, o bien se den en
un clima de tensión y competitividad. A continuación te
ofrezco los consejos que negociadores expertos me han
compartido, así como los de la especialista Diana Bocher
en su libro *Communicate with Confidence*:

- Antes de tocar los puntos difíciles, lo primero es tratar
de encontrar puntos en común.
- Por lo cual escuchar al otro se convierte en un punto
clave. Déjalo venir, permite que sea él quien hable primero. Podemos hacerle preguntas del tipo: "¿Qué te
gustaría lograr el día de hoy? ¿Cómo puedo ayudarte?
¿Qué ideas tienes para llegar a un acuerdo?"

Esta actitud de respeto crea un clima de confianza y
nos da un panorama de la situación y tiempo para pensar en las estrategias que adoptaremos.

- Algo que relaja el inicio de las negociaciones es poner sobre la mesa todos los temas importantes. Si tras avanzar en la discusión destapamos algún punto clave, es posible que el otro piense que no somos transparentes, se sienta engañado y afecte el ambiente general de la discusión. Es mejor exponer todo desde el principio.
- Escuchar al otro nos sirve también para identificar su estilo de negociar. En general existen tres tipos de negociadores: el agresivo, el huidizo y el equilibrado. ¿Cómo es?

  — *El agresivo* es aquel que basa su estilo en la presión. Por ejemplo, puede decir: "Necesito una respuesta a las cinco de la tarde." Esto suele intimidarnos. Sin embargo, hay que darnos tiempo suficiente para tomar una decisión y asegurarnos que hacemos lo correcto. Si no, es mejor esperar.

  — *El huidizo* es el que, en su afán de agradar, no decide, se muestra blando y teme hacer valer sus derechos. Los puntos difíciles de la negociación quedan en el aire mucho tiempo, en espera de que las cosas se resuelvan por sí solas. Pero recordemos que el diablo está en los detalles.

  — *El equilibrado* es el negociador ideal. Propone los asuntos con claridad y firmeza. Al mismo tiempo sabe cuidar la relación y reconoce el momento adecuado para retirarse y volver en una ocasión que le ofrezca mejores oportunidades.

- Apreciemos lo que tenemos para ofrecer. Es común que menospreciamos valores intangibles que poseemos como confiabilidad, comportamiento ético, buen nombre, oportunidades de contacto, además de cualquier otra habilidad personal. Veámonos con nuevos y buenos ojos.

- Observemos el lenguaje no verbal, es una fuente de información maravillosa. Cuando la gente hace comentarios informales como "oye, por cierto…", "olvidaba decirte que…", "oye, ¿te importaría que…?", analicemos el mensaje oculto. Si notamos que la persona se pone tensa, nerviosa, muy pendiente de nuestra respuesta, es que el comentario que nos hace no es tan insignificante como quiere aparentar. Investiguemos un poco más.

- Hablemos de otras historias de éxito. Al comenzar el diálogo, es bueno platicar de cómo otras empresas, o personas con el mismo problema que nosotros, han podido sacar adelante una situación similar. Esto nos recuerda que ganar es posible.

- El contacto visual es importante todo el tiempo. Si por nervios, presión o timidez no hacemos contacto visual o es breve, la persona puede interpretarlo como signo de deshonestidad, evasión, incompetencia o falta de convicción. Veamos directamente a los ojos.

- El lenguaje que usemos es importante. Debe denotar que el propósito es buscar una solución para ambas partes. Una buena idea es hablar en tercera persona del plural. Por ejemplo: "¿Qué podemos hacer para que tal cosa suceda?" En vez de "¿Qué puedes hacer para…?", o "¿Cómo podemos diseñar esto para que tu gente no tenga que trabajar horas extra?"

- La negociación se construye poco a poco. Si empezamos por resolver exitosamente las pequeñas cosas, los detalles menores, ganamos confianza mutua para llegar a un acuerdo en los puntos de mayor complejidad.

- Cuando las soluciones se atascan por alguna razón, es bueno adoptar la técnica conocida como lluvia de ideas. Esto hace que las partes trabajen como equipo más que como adversarios. Una vez que se planteen las posibles soluciones, hay que enfocarse en las dos o tres mejores, para así ultimar los detalles en cada una, hasta llegar a lo más conveniente.

Como vemos, las sutilezas de la negociación son infinitas.

PREPARANDO EL CIERRE

- Dice Ralph Waldo Emerson que: "Nada asombra más al ser humano que el sentido común y las soluciones sencillas". Estarás de acuerdo conmigo en que, con frecuencia, los seres humanos somos muy complicados y, por algún extraño temor, descartamos las opciones más simples. A veces pensamos que algún acuerdo complicado dará la impresión de que hemos estudiado a fondo las cosas. Y sabemos que en realidad es al revés, así que a la hora de tratar de llegar a una conclusión, no perdamos de vista que mientras más sencilla, mejor.

- El objeto de cualquier tipo de negociación es que cada uno de los interesados se sienta ganador. Estudiemos a fondo el caso y tratemos con inteligencia y cortesía a la contraparte. Una vez que durante la negociación ambos lados sientan que las cosas están equilibradas, porque cada uno cedió en algunos puntos

y logró persuadir al otro de lograr los objetivos principales, llega el momento cumbre.

EL CIERRE

- Tengamos en cuenta que en las ocasiones en que contamos con muchas opciones para escoger, tardamos
más en la elección. Cuando entramos a la tiendita de la
esquina y sólo tenemos dos o tres tipos de chocolate en
barra, de inmediato sabemos cuál. ¿Y qué tal cuando
entramos a una gran dulcería especializada, donde hay
200 variedades de dulces, chocolates, gomitas? Demo-
ramos mucho más en tomar una decisión.
- Cuando al final observes que el otro está indeciso, en
vez de bombardearlo con muchas opciones concentra
tus energías en dos o tres.
- En esta etapa hay que tener cuidado de no ser tajan-
tes. Cuidar que ni las palabras ni el tono de voz sue-
nen a "lo tomas o lo dejas". Una vez que señalamos
que es imposible mover nuestra posición nos arrinco-
namos y las cosas pueden irse para abajo. No olvidemos que del plato a la boca se cae la sopa. Lo mejor es
que cada uno vaya cediendo poco a poco en el camino
hacia el objetivo.
- Si tenemos puntos no negociables, seamos firmes y
muy específicos al mencionarlos. Recordemos la técnica del disco rayado. Al decir "no" observemos que
nuestro tono de voz y lenguaje corporal reafirmen lo
que decimos.
- Pidamos más de lo que pensamos obtener. A veces
nos sorprenderá ver que logramos todo. Esto nos da

espacio para movernos y material para intercambiar y conceder en lo que el otro pida. Así, ambas partes nos sentimos satisfechas. Por ejemplo, pides cien mil pesos por un coche, el cliente ofrece 75 mil y cierras el trato en 85 mil.

Este mismo principio puede aplicarse por ejemplo al negociar vacaciones. "Te he pedido cuatro semanas de vacaciones, tú dices que dos, ¿qué tal si lo dejamos en tres?" Otro ejemplo: "Para este proyecto necesito un asistente de tiempo completo. Me dices que no hay presupuesto. ¿Qué tal si me autorizas veinte horas a la semana para un asistente temporal?"

Si bien lo anterior se aplica con frecuencia, cuando estemos dispuestos a hacer concesiones en un precio, tengamos cuidado en no fijar de entrada uno exagerado, pues perderemos credibilidad. Por ejemplo, si quieres 500 pesos por un artículo, no pidas primero 1 200, porque el cliente probablemente perderá el interés.

• Nunca pierdas la compostura. Si algo le da ventaja a una persona, es permanecer frío y controlado en cualquier circunstancia. Si la situación se pone tensa y surgen amenazas o reacciones explosivas, simplemente escucha y haz una pausa o llama a otra persona para que continúe el trato. La idea es hacer que el otro vuelva a una posición razonable. Cuando contestamos a las amenazas, las soluciones se difuminan. El riesgo es que o ganas en grande o lo pierdes todo.

• No permitas que el silencio te intimide; a la mayoría, el silencio prolongado nos resulta incómodo. Así que empezamos a hablar, hablar y hablar. Y lo peor es que podemos empezar a hacer concesiones. "Bueno, mira, yo creo que puedo hacer tal cosa…"

Si notamos que el otro calla, en vez de hablar permanezcamos también en silencio. No empecemos a ofrecer la luna y las estrellas.

- Aplica la regla de la oferta y la demanda. A todos nos ha tocado un vendedor inteligente a quien, al preguntarle por cierto artículo, responde: "Creo que ya se terminaron, déjeme ver en la bodega". Después regresa y nos dice: "Tiene usted mucha suerte, porque me queda uno". La táctica es: si lo quiere, más vale que se lo facture rápido, porque otro se lo puede llevar. Sin ser tan radical como el vendedor, se puede sugerir al otro que la oferta tiene caducidad y si se trata en decidir, las opciones pueden reducirse, puede disminuir la calidad, la oferta puede ser retirada, el proceso complicarse o bien el precio puede cambiar.

- Aunque la oferta nos parezca muy buena, no mostremos mucho entusiasmo ni la aceptemos de inmediato. Esto puede hacer que el otro quede con mal sabor de boca pensando que pudo haber pedido más. Ante una situación favorable, es mejor tomarse las cosas con serenidad.

Tengamos siempre en mente la regla de oro. Trata al otro con el mismo respeto e interés que te gustaría que lo hicieran contigo.

LOS DETALLES IMPORTANTES

Pon por escrito cualquier acuerdo y que se firme por las dos partes. Un acuerdo firmado aclara las posturas y crea responsabilidades. Por mejor que te lleves con tu contraparte, déjalo todo claro y por escrito.

A la hora de poner por escrito las cosas, el lenguaje debe ser sencillo, de manera que no dé lugar a confusiones o interpretaciones subjetivas.

La ortografía, en especial la puntuación, es importante, ya que a veces una coma mal usada puede cambiar el sentido del texto.

Si hay un idioma extranjero involucrado, es mejor recurrir a intérpretes y traductores calificados para que la redacción sea fiel.

Aunque no hay recetas que garanticen el éxito de una negociación, confío en que estos puntos te sean de utilidad. ¡Buena suerte!

Obtén ese empleo

Todo hombre debe decidir alguna vez si se lanza a triunfar arriesgándolo todo o se sienta a contemplar el paso de los triunfadores.

KENNETH LLOYD

¡NO TENGO TRABAJO!

Hay en la vida diferentes circunstancias en las que nos encontramos sin trabajo. La primera ocurre por lo general al terminar la universidad, cuando inundados de teoría buscamos el lugar ideal para ponerlas en práctica. Por otra parte, la tendencia actual de las empresas a fusionarse, venderse o desaparecer provoca que el concepto de hacer una carrera dentro de una empresa cada día se aplique menos. Asimismo, influyen las nuevas tecnologías de comunicación, la posibilidad de reducir personal y el trabajo a distancia.

Sin dejar de lado que ciertas cualidades que el jefe anterior valoraba, quizá al nuevo le resulten irrelevantes. Todo esto nos obliga a estar cada día más abiertos al cambio y a prepararnos mejor.

Cuando por alguna de estas razones no encontramos empleo o lo perdemos, por lo general sentimos frustración, resentimiento o decepción, sentimientos que no son fáciles de manejar. A esto hay que sumar que nos encontramos muy sensibles a cualquier comentario al respecto. Sin embargo, sólo en nosotros está decidir la actitud que tomaremos frente a la situación.

Según las observaciones psicológicas, podemos adoptar dos tipos de comportamiento o reacciones frente a la desocupación.

El primer tipo de reacción

Es curioso observar que el síntoma más común, no es un estado depresivo, como podría pensarse, sino un estado de apatía. Tal estado puede aumentar progresivamente la falta de interés y hacer que decaiga poco a poco la iniciativa, lo que no deja de ser peligroso. Cuando nos hallamos en esa circunstancia, por lo general nos sentimos cada vez menos capaces de tomarnos de la mano de alguien que pueda brindarnos ayuda para salir del círculo vicioso en que estamos.

La apatía hace que experimentemos la vaciedad del tiempo como un vacío interno. Podemos sentirnos inútiles por el hecho de no tener nada que hacer y también considerar que nuestra vida empieza a carecer de sentido. Por lo tanto la desocupación se convierte, así, en terreno fértil para otro tipo de frustraciones anímicas que además pueden buscar salida en nuestro estado físico: tendemos a enfermarnos más fácilmente.

Además, cuando nos encontramos sin empleo, cualquier excusa es buena para justificarnos, disculpar o echarle la culpa a quien sea de nuestra situación. Por ejemplo: podemos descuidar nuestro arreglo personal, y el trato con la familia y los amigos puede hacerse ríspido, o podemos perder valor ante nosotros mismos. El riesgo de adoptar esta actitud consiste en que, como nadie nos exige nada, la consecuencia es que nada nos exigimos a nosotros mismos. Frases como: "Ah, si tuviera trabajo ¡todo sería diferente!", pueden aparecer con frecuencia en nuestra mente y eso no se acerca a una solución.

El segundo tipo de reacción

Aquí la actitud es diferente. Ante las mismas condiciones desfavorables del desempleo, nos rebelamos, nos ocupamos y evitamos caer en la apatía o la depresión, y hasta cierto punto tomamos los hechos con un sano optimismo.

Enfrentamos el desempleo como una oportunidad de cuestionarnos y ver si el tipo de trabajo que realizábamos verdaderamente nos llenaba o lo hacíamos sólo por conveniencia o por tradición familiar.

Mientras encontramos empleo, ocupamos el tiempo en una forma productiva para el espíritu, quizá haciendo lo que nunca antes tuvimos tiempo de hacer como leer, tomar el curso de inglés o computación que veníamos posponiendo, tocar un instrumento, escribir o trabajar voluntariamente en alguna organización para el bien de la comunidad.

El desempleo también puede servirnos para proyectar o planear el futuro de nuestra independencia para tiempos mejores. ¡Así que hay que sobreponerse! Levantarnos temprano todos los días, bañarnos y arreglarnos. Detalles que aparentemente no tienen importancia y sin embargo son vitales para generar un estado de ánimo positivo; y hay que mantener alto el espíritu para cuando la mala temporada pase.

Cuando nos presentamos a solicitar trabajo, vestiremos cuidadosamente y lo haremos con postura erguida, con seguridad y orgullo en nosotros mismos. Y con una real disposición para trabajar. En pocas palabras, nos ocupamos y con ello damos un sentido a nuestra vida. Nuestro trabajo es buscar trabajo.

Como podemos ver, cuando nos encontramos en esta situación de paro forzoso, tenemos la libertad de decidir por nosotros mismos la actitud que tomaremos: o bien la encaramos de manera apática y derrotista, o tomamos las riendas y la enfrentamos con optimismo. En palabras de Víctor Frankl: "No soy responsable de las circunstancias pero sí, de la actitud que tomo frente a ellas".

¿QUÉ SÉ Y QUIERO HACER?

> *Afortunado es quien encuentra el trabajo que le gusta: que no se preocupe por otra bendición.*
>
> T. CARLYLE

Me impacta la historia de un señor como de 40 años, que me cuenta que en su familia todos los hombres, a lo largo de varias generaciones, han sido médicos. Es el mayor de los hermanos y desde pequeño le hicieron sentir que debía continuar con esa tradición. En forma automatizada estudió medicina, se especializó en cirugía del cerebro y trabajó diez años, durante los que le fue bien. Sin embargo, reconocía que en el fondo no era feliz. Me platica que siempre sintió una desazón que ignoraba y reprimía. Hasta que un buen día tuvo el valor de renunciar a todo, darle vuelta a la hoja y seguir lo que su instinto le dictaba. Inició una cadena de restaurantes de carnes y se convirtió en un exitoso empresario.

Cuando lo conocí habían pasado ya tres años de su decisión y me contaba lo difícil que fue tomarla, sobre todo ante su familia, por el riesgo que implicaba dejar un camino ya labrado. Sin embargo, me dijo: "A pesar de lo duro que la he pasado al iniciar un negocio, me siento tranquilo conmigo mismo y feliz".

¿Cuántas personas viven casos similares, con cierta frustración por no atreverse a seguir sus instintos?

El caso de este señor nos puede ocurrir a todos. Si estás en la misma situación, decídete; la vida sólo se vive una vez. Elije un empleo que refleje verdaderamente lo que eres y deseas. Aquí no debe importar lo que nuestros papás, amigos o un modelo social nos dicten qué debemos hacer. Tarde o temprano, no resulta. Sé fiel a ti mismo y a tus ideas.

BUSCO TRABAJO

El talento, en buena medida,
es una cuestión de insistencia.

FRANCISCO UMBRAL

No cabe duda de que buscar empleo es un asunto que pone nuestra autoestima a prueba. Significa lanzarnos a una campaña agresiva de promoción personal con la posibilidad de ser rechazados por muy diversas razones. Sobre todo cuando se calcula que alrededor del 72 por ciento de los empleos lo consiguen las personas que saben manejar una buena entrevista, más que aquellos que quizá sean los adecuados. Por lo que en el mundo de los negocios se necesita tener una buena dosis de coraje, muchas ganas y suficiente creatividad para sacar las cosas adelante.

Toma en cuenta que los actores aprenden a actuar y los cantantes entrenan durante años antes de subir al escenario. Sin embargo, quienes buscan trabajo en el mundo corporativo deben presentarse, "mercadear" y promoverse con muy poco o ningún entrenamiento.

Así que en este capítulo veremos cómo aumentar las posibilidades de conseguir empleo.

El primer objetivo: conseguir la cita con el posible empleador. El segundo: convencerlo mediante nuestra actitud, presencia y preparación, así como con la idea de que somos la persona adecuada para el puesto.

CÓMO CONSEGUIR LA ENTREVISTA

Existen diversas maneras de conseguir una entrevista de trabajo:

- Mediante contactos personales.
- A través de agencias de empleo.
- Enviando varias cartas solicitándola.

— *Contactos personales*. Más de la mitad de los empleos se consiguen mediante contactos personales. Proveedores, clientes, antiguos jefes, maestros y hasta esa persona que conocimos la semana pasada en una fiesta, pueden ser de gran ayuda.

Envía a tu contacto el currículo y una carta, muy bien presentada, que describa tus metas profesionales. Si gracias a esa persona consigues la entrevista, será un buen detalle llamarle para agradecer su esfuerzo, enviarle una carta o bien un pequeño presente.

Si tienes un empleo, hay que ser discretos. Sería poco prudente que el jefe actual se enterara por medio de terceros. Es mejor avisarle personalmente y en su momento.

— *Medios de comunicación*. Los avisos clasificados del periódico e internet son una fuente confiable para conseguir empleo. Si el anuncio pide que se haga contacto por teléfono, evita que la llamada se convierta en una entrevista. Es mejor conocer personalmente al posible empleador, así como las oficinas, para percatarnos del ambiente, del lugar, de la ubicación, de los detalles, en fin, que nos harán sentirnos a gusto en el futuro.

— *Agencia de empleo y empresas de colocación de personal*. Es preferible acudir únicamente a las agencias conocidas y de prestigio. Y mejor aún cuando no cobran por el servicio, sino que toman una comisión pagada por el empleador. De esta manera se esforzarán por colocarte mejor y procurarán darle pronto salida a tu currículo.

— *Desconocidos*. Si te interesa trabajar en una empresa en la que no tienes un solo contacto, te sugiero averiguar el nombre completo de la persona adecuada y enviarle una carta. Cuando la carta está dirigida a alguien en particular, tiene más posibilidades de llegar a buen destino, que una carta que diga: "A quien corresponda".

La carta debe ser siempre breve, explicar la razón por la que escribimos y adjuntar el currículo. Si el papel de la carta lleva membrete con tu nombre, muy bien; si no, puedes escribirlo a máquina o en computadora sobre papel blanco.

Si logras atraer la atención por tu bien presentada misiva o por tu trayectoria y experiencia, es muy probable que te contacten para una entrevista. Primer gran logro.

CÓMO PRESENTAR EL CURRÍCULO

La presentación del currículo puede abrirte las puertas de un excelente trabajo o cerrarlas por completo. Si se ve desorganizado, si es tan largo que incluye desde la actuación que tuviste en la pastorela de primaria hasta la conferencia que acabas de escuchar, será más un obstáculo que un herramienta. Debe ser breve, claro y organizado.

Detalles que hacen la diferencia

- Que tenga tu fotografía.
- Presentación en computadora, impreso en tinta negra y en un papel fino (preferiblemente de 90 a 110 gramos) blanco o de color claro. Evita adornos, marcos

recargados o portadas rebuscadas, de modo que la imagen sea limpia, moderna, atractiva y profesional.

Para que se pueda leer cómodamente es conveniente una letra de catorce puntos y poner en negritas los titulares y los datos importantes.

- Antes de entregar el currículo hay que leerlo por lo menos tres veces para corregir algún error ortográfico o de captura. También es conveniente pedir a algunos amigos que lo revisen y critiquen.
- El currículo no es ocasión para verse poético o chistoso. Al contrario, hay que ser directos, objetivos y serios.
- Evita las exageraciones sobre tu experiencia educativa o laboral. Decir la verdad no siempre nos hará conseguir el empleo; sin embargo una mentira, por pequeña que sea, seguro causará que lo perdamos.
- Evita mencionar salarios anteriores y aspiraciones salariales actuales. Es mejor tratar este asunto de forma verbal.
- Evita los detalles muy personales (por ejemplo características físicas, aficiones y pasatiempos, vacaciones), salvo que estén especialmente relacionados con el trabajo.
- Siempre será mejor entregar personalmente el currículo o enviarlo con un propio. En caso de que tengas que hacerlo por fax o correo electrónico, es bueno asegurarnos de que el documento tenga el formato correcto para que quien lo reciba pueda leerlo sin problemas.

- En el proceso de escribir el currículo seguramente aprenderemos mucho sobre nosotros mismos, al enfocarnos en nuestras fortalezas, intereses y cualidades sobresalientes.
- Si tras enviar tu currículo pasan siete días sin recibir noticia, puedes llamar para solicitar una cita. Muchas veces el interés que se ve en la persona es una buena señal para contratarla.

Lo que debe incluir

- *Información personal.* Nombre completo, fecha de nacimiento, dirección (incluida la postal y la de correo electrónico, si lo tenemos) y números telefónicos (preferiblemente los de nuestra casa o de algún otro lugar donde puedan localizarnos o dejar un mensaje). También es recomendable señalar un número de fax. Estado civil y edad.
- *Experiencia profesional.* Una lista de empleos anteriores en orden cronológico, comenzando por el más reciente. Es importante anotar el nombre de la empresa en la que trabajamos, el cargo que tuvimos y una corta descripción de funciones. Si hemos tenido muchos empleos y en diversas áreas, es mejor concentrarse en los más recientes y sobresalientes (una persona con un largo historial de trabajos puede percibirse como inestable y poco seria).
- *Educación.* Comienza por poner el grado más alto que cursaste, con el nombre completo del lugar, ubicación y el periodo en que efectuaste tales estudios. También sirve mencionar los cursos y prácticas adicionales rea-

lizadas, así como los premios y reconocimientos obtenidos en tu vida profesional.

- *Otros conocimientos.* Podemos agregar en forma muy breve una lista de las habilidades que pueden ser un aporte al empleo que buscamos (conocimiento de idiomas, computación y programas especializados, manejo de máquinas y tecnologías).

- *Referencias.* Aunque no son indispensables, podemos hacer una lista corta de las personas que nos conozcan en el campo profesional, como colegas o jefes anteriores, y no referencias de personas como nuestro cuñado o vecino, que de poco servirán. Es mejor si incluimos también los números telefónicos. Es importante que, antes de mencionar a alguien en esta lista, le pidamos autorización. Si nos solicitan referencias por escrito, es mejor entregarlas personalmente durante la entrevista.

LA CITA

Nunca olvidaré mi primera entrevista de trabajo a los diecinueve años. Los nervios, la sensación de sentirme evaluada, la posibilidad de conseguirlo, hacen que esos momentos queden grabados para siempre en nuestra memoria.

Después de llenar la solicitud de empleo, entregar el currículo y colgar con emoción tras la llamada que nos confirma la cita, llegamos a la entrevista de trabajo. Allí, esperamos interminables minutos en la recepción. Nerviosos, vimos que aparecían en escena posibles candidatos o candidatas al puesto. Mentalmente nos empezamos a comparar. No sabemos si sonreír, fingir que no los vemos o sufrir. Lo mejor en esos casos es entablar una conversación amable con alguno de los posibles rivales y, como en toda competencia, confiar en ganarles.

En los minutos que nos concederá el entrevistador, tan sólo debemos mostrar que somos capaces, seguros, inteligentes, competentes; que sabemos trabajar en equipo, que podemos ser conciliadores, que tenemos excelente presentación y personalidad, entre otras mil cosas. ¿Fácil no? ¿Por qué entonces estar nerviosos?

Nuestra labor: seducir.
La oportunidad: única.

Estoy convencida de que una de las cosas más importantes en nuestra relación con los demás es ser espontáneos y naturales. Gracias a esto podemos superar muchos momentos de tensión, especialmente si se trata de una entrevista de trabajo, en la que por lo general los nervios nos traicionan. Si en la primera cita la persona que nos entrevista lo nota, es mejor confesarlo abiertamente y decir que se debe precisamente a la ilusión e interés que tenemos en conseguir el empleo.

¿QUÉ ME PONGO?

Todas las empresas y profesiones tienen códigos de vestir implícitos. No es lo mismo la presentación que debe llevar el alto ejecutivo de un banco a la de un creativo de una agencia de publicidad. Lo que le sucedió a Raúl, puede ocurrir con frecuencia. Diseñador gráfico de profesión, Raúl fue a buscar trabajo ataviado con su mejor traje a un importante estudio de diseño. Allí, los ejecutivos y creativos se visten de manera informal y son muy relajados. Para su sorpresa, en la entrevista el dueño del estudio insistió en ofrecerle trabajo como ejecutivo de ventas ya que, según le dijo, su presencia encajaba más en ese puesto. Ante tal decepción, en la siguiente entrevista de trabajo como diseñador, Raúl dejó el traje y la corbata y eligió ropa moderna y menos formal. Logró la impresión que deseaba.

La clave es ser congruente y sentirse cómodo con lo que se lleva puesto; sin embargo, tampoco es bueno verse demasiado informal o descuidado. Comparto contigo detalles que deben revisarse:

Antes de salir de casa, mírate en el espejo, toma el lugar de tu empleador y pregúntate: "¿Contratarías a alguien así?".

- ¿Están mis uñas y mi cabello limpios y arreglados?
- ¿Están los botones y cierres bien cosidos?
- ¿Los colores y la ropa que traigo son neutros y apropiados?
- ¿No tengo manchas en la ropa?
- ¿Están lustrados mis zapatos?
- ¿Mi traje o camisa y corbata están limpios y sin arrugas?
- ¿Mis accesorios son los correctos? ¿Combinan? ¿No hacen "ruido"? ¿Son discretos?
- ¿Mi loción o perfume es discreto?
- ¿Llevo tarjetas de presentación a la mano?

- ¿Conozco lo necesario de la empresa? ¿Hice bien mi investigación?
- ¿He repasado mis respuestas?
- ¿Llevo copias de mi currículo y de las referencias?
- ¿Llevo una pluma?
- ¿Conozco el nombre y el cargo de la persona que me entrevistará?

¿QUÉ HACER?

El lenguaje no verbal es lo primero que notaremos de la persona que nos entrevista, como lo notará en nosotros él o ella. Cada gesto, cada movimiento que hagamos, será un indicador importante por pequeño que sea. Nosotros tendremos que estar donde nos instalará ¿Ante una mesa? ¿Detrás de un gran escritorio? Y trataremos de deducir la personalidad del posible empleador observando el orden y los objetos que decoran su oficina, así como el estilo de ropa que porta. Por su parte, él estará muy atento a nuestra presentación personal —que por supuesto debe ser impecable—, observará cómo damos la mano al saludar, cómo es nuestro contacto visual, cómo nos sentamos, ¿nos vemos seguros y confiados en nosotros mismos?, ¿reímos con frecuencia? En tan sólo tres segundos ambos empezaremos a formarnos una opinión del otro y, aunque en el transcurso del encuentro el entrevistador trate de ser objetivo y justo, no tendrá muchas opciones. Ésta es un área donde el inconsciente domina al consciente. Confianza, agrado, desagrado, rechazo, todo puede definirse en el tiempo que nos toma aclarar la garganta. Como estos primeros segundos establecen en gran medida el terreno, considero importante revisar algunos detalles:

- Antes de entrar, ordenemos mentalmente las ideas y visualicemos lo bien que nos vamos a desenvolver. Mostremos entusiasmo.
- Entremos con el cuerpo erguido. El porte es la expresión personal de cómo nos vemos a nosotros mismos. Hacer ejercicio aeróbico antes de la cita, ayuda a que reflejemos un aspecto sano, flexible y con energía. ¿Cuándo hemos visto un triunfador jorobado y desgarbado? En el caso de hallarnos nerviosos, exageremos la lentitud de nuestros movimientos (que serán percibidos a velocidad normal).
- Controla la situación. ¿Por qué crees que James Bond se ve tan seguro siempre en las películas? Porque sus movimientos son lentos, con propósito, y sobre todo nunca se toca a sí mismo. No se acomoda el peinado, no se come las uñas, no mastica chicle, no se lleva las manos a la cara, no estira las mangas de su camisa y su pluma no está mordida.
- Hay que sentarse derechos, relajados, sin que parezca que estamos en el banquillo de los acusados; todos tiesos y simétricos con los brazos, ya que envías una señal de estar cerrado a cualquier cosa.
- Durante la conversación hay que llamar a la persona por su nombre más de una vez y verlo a los ojos durante toda la plática.

Asimismo, hay que ser corteses, simpáticos, educados y con tacto, de manera que no se vea que nos queremos lucir o le estamos haciendo la barba al entrevistador, porque eso siempre se nota.

Simplemente mostremos la seguridad que tenemos en nosotros mismos y lo útiles que seremos a la empresa. Si nos ofrecen un cigarro o un café, sugiero no aceptarlo, aunque la otra persona fume. Es más prudente mostrar algo de timidez en la primera cita.

- Es correcto que le hagamos preguntas al empleador. Podemos preparar cinco básicas, que tengan que ver con el futuro de la empresa, su potencial de expansión o las funciones del cargo. En esta etapa no es prudente preguntar sobre las prestaciones o cuántos días de vacaciones tendremos. Lo haremos una vez que nos aseguren el puesto.

- Procuremos no entrar en temas personales como la familia o la salud, sino llevar la entrevista a nuestro terreno y conseguir que nos pregunten lo que queremos contestar. Nunca hablemos mal del jefe o trabajo anterior. Causa muy mala impresión; la gente lo extrapola a su empresa y puede pensarse que somos nosotros los conflictivos. Es mejor explicar motivos de proyección laboral, de futuro o personales. Siempre quedaremos mejor.

- Hay que saber detectar las señales sutiles que nos avisan que la entrevista ha terminado. Pueden ser un cierre de carpeta, un giro en la silla, un "Bueno, estaremos en contacto". Agradezcamos el tiempo que se nos otorgó, y si nos parece prudente, preguntemos si llamamos para conocer la decisión y a quién dirigirnos. O bien podemos enviar una carta de seguimiento al día siguiente y esperar con los dedos cruzados a que nos llamen.

- Al despedirnos, debemos dar al entrevistador un apretón de mano amable y firme, viéndolo a los ojos. Como con el postre, será la última impresión que le quede de nosotros.

Tengamos en cuenta que el talento y trabajo duro representa sólo la mitad de la educación; la otra mitad consiste en sabernos vender, tener contactos y comportarnos adecuadamente. Con un poco de suerte, mucha disciplina y dedicación, el trabajo con seguridad será nuestro.

Aumenta las probabilidades

- Averigua, mediante internet o algunas publicaciones, todo tipo de información de la empresa. ¿Se cotiza en bolsa? ¿Quién es su competidor? Planes futuros. Políticas y filosofía de la empresa. Asimismo, investiga algo sobre la persona que verás. Se quedará muy impresionado si le mencionas algo sobre su pasatiempo favorito, sobre algún reconocimiento que le hayan dado. Evita caer en el extremo de buscar parentescos o conocidos en común como: "Fíjese que mi abuelito era vecino de su tía Paquita cuando eran chiquitos", que resultará en una carambola de tantas bandas que seguro el otro pondrá cara de: "¿Y?"
- Ve preparado para contestar preguntas obvias como: "¿Por qué quisiera trabajar aquí? ¿Cuáles son sus metas profesionales? ¿Cómo se describe a sí mismo? ¿Cuáles son sus fallas o debilidades? ¿Por qué debo contratarlo?" Así como a preguntas inesperadas o incómodas sobre tu empleo anterior y tu antiguo jefe,

sobre tus finanzas, edad, religión, maternidad e hijos y orientación sexual. Es importante no contestar con la muletilla "en principio sí". Imagínate que te preguntan: "¿Le gustan los retos? ¿Piensa radicar en esta ciudad mucho tiempo?", y contestas: "En principio sí..."

- Si no entendiste una pregunta, lo mejor es pedir que la repitan. Y piensa antes de contestar. Los nervios hacen que la equivocación, la duda y el error estén en nuestro inconsciente, esperando salir en cualquier momento.

- Llega diez minutos antes de la cita. Primero, porque te da tiempo de reconocer el terreno y relajarte; segundo, porque si llegas tarde pueden pensar que así llegarás todos los días al trabajo; y tercero, llegar tarde es una falta de respeto y de inteligencia.

- Al llegar, preséntate con la recepcionista o secretaria y entrégale una tarjeta de presentación impecable. Sé muy amable con esa persona, pues muchas veces tienen la llave para que pasemos de forma más o menos rápida. Sin embargo, conviene no tratarlas con familiaridad ni intentar sacarles información sobre su jefe o las posibilidades de que obtengas el puesto. En caso de que la espera se prolongue, no presiones. Espera con prudencia.

- No se te ocurra presentarte con algún acompañante, tipo tu mamá, novio o un amigo. Esto se ve poco profesional.

- ¿Qué me pongo? Sugiero que visites la empresa antes de la entrevista para percatarse del "estilo" de vestir que se acostumbra, para que el día de la entrevista te veas como si ya pertenecieras a ella. Supongo que sale sobrando decir que hay que ir "bien presentados". Este término dependerá del tipo y el giro de la empresa. Lo que para una empresa es apropiado, quizá no lo sea para otra. Podríamos generalizar que la ropa sobria y clásica causa mejor impresión que la extravagante, ultramoderna o demasiado suelta e informal.

- Antes de entrar, tómate tiempo para abrochate el saco, si lo llevas. Si en tu ciudad o área de trabajo no se usa traje, te recomiendo que la camisa o blusa siempre sea de manga larga, aun si la temperatura es de 40 grados o se trata de una empresa en la red. Siempre se verá más profesional.

- Al saludar de mano al entrevistador, míralo a los ojos y hazlo con mano firme, seca y desocupada, libre de llaves o carpetas. Si en la sala de espera te ofrecen café, es mejor dejar la taza antes de entrar, aunque apenas lo hayas probado y esté delicioso. Te sugiero que no fumes ni antes de la entrevista ni durante ella, aunque consideres que te calmará los nervios. El olor a cigarro en la ropa resulta desagradable.

- Al entrar, comienza por agradecerle a la persona el tiempo que te dedica.

- Recomiendo tratar de "usted" al entrevistador, hasta que de él salga hablarse de "tú".

- Relájate, sé tú mismo y compórtate con toda naturalidad, con actitud de "soy la persona que busca". Es muy probable que con todo lo anterior aumenten tus posibilidades de conseguir el puesto.

Pero hay otros detalles importantes.

Saber preguntar, saber responder

A continuación te presento algunas de las preguntas más frecuentes en las entrevistas de trabajo para evaluar a los candidatos. Es bueno anticipar las respuestas para que la entrevista resulte lo mejor posible.

- *"¿Puede contarme más sobre usted?"* o *"¿cómo se describe a sí mismo?"* Aquí, puedes hablar con seguridad y confianza de tus habilidades, intereses y metas a futuro. Así como resaltar los cargos y funciones que has desempeñado en el pasado. Claro que hay que tener en mente que a la persona no le interesa saber si te consideras simpático, cantas muy bien, te gustan las mascotas o eres muy bueno para el futbol.
- *"¿Cuáles son sus fallas y debilidades?"* Es bueno hablar con franqueza y sencillez de nuestras debilidades, aunque será mejor si logras dar un giro positivo a tus respuestas. En caso de que hayas tenido una falla, es mejor aceptarla con responsabilidad y admitir que aprendiste la lección.
- *"¿Por qué le interesa este trabajo?"* El entrevistador querrá saber si estás lo suficientemente motivado y si la empresa hará una buena inversión al contratarte. Sugiero que contestes lo más directamente posible y relaciones tus capacidades con los proyectos y actividades de la empresa. Si el motivo real de tu interés es el sueldo que ofrecen, lo prudente es mencionarlo, mas no como motivo principal.
- *"¿Le gusta trabajar en equipo?"* La intención de esta pregunta es medir tu capacidad para trabajar con otras

personas. si crees tenerla, platica sobre lo bien que te llevas con los antiguos compañeros y procure hablar siempre bien tanto de ellos como de la empresa anterior.

- *"¿Por qué debo contratarlo?"* Esta pregunta es para conocer el concepto que tienes de ti mismo y si tienes una sana autoestima. Aquí es básico que hables de tus cualidades con seguridad, sin subestimarte, ni exagerar lo positivo de tu persona.

  Es el momento de incluir a la información cualquier dato o comentario adicional que no esté en el currículo. Por ejemplo, las habilidades para dirigir, para trabajar en equipo o los conocimientos que tengas en una rama específica.

- *"¿Por qué dejó su trabajo anterior?"* o *"¿Por qué quiere dejarlo?"* Es conveniente hablar con la verdad, incluso si te despidieron.

- *"¿Cuánto estaba ganando?"* Aunque es común exagerar el sueldo anterior para mejorar los ingresos, es mejor no hacerlo. Si se nos pasa la mano y el entrevistador es una persona experimentada, que está al tanto del mercado de trabajo, puede detectar inmediatamente el embuste. También podría llamar a nuestro anterior empleo para confirmar los datos y quedaríamos en evidencia. Lo mejor es hablar con honestidad y decir algo como "en mi anterior trabajo ganaba tanto, pero considero que era un sueldo por debajo de mis capacidades".

- *"¿Cuáles son sus requerimientos salariales?"* Sugiero tener una cifra límite en la mente, aunque prefiramos posponer la discusión sobre el salario hasta que nos hayan ofrecido formalmente el puesto. Una buena respuesta sería: "¿Me puede dar una idea del rango de salario que ofrecen para este puesto?" También podemos contestar con seguridad: "Creo que por mi experiencia y con la responsabilidad que implica el tipo de trabajo que proponen, podría percibir un salario de entre X y Z".

Es importante que nuestras aspiraciones sean realistas. Para esto es bueno averiguar la oferta y demanda en el tipo de trabajo y cómo se cotiza en el mercado. Puedes informarte en los avisos clasificados de periódicos y revistas, así como en internet, para comparar los rangos de sueldo que se ofrecen por trabajos similares. Si tienes la suerte de conocer a alguien que desempeña una actividad como la que buscas, o conoces ese campo, esa persona puede ser tu principal fuente de información.

Una vez que tengas claro este punto, espera el momento adecuado y no dudes en pedir con toda seguridad el sueldo que deseas. Aunque hay que tener en mente que nos toca demostrar nuestras capacidades para después solicitar un sueldo mayor.

Preguntas incómodas

A veces los entrevistadores, en esta situación, pueden hacer preguntas que en apariencia poco nada tienen que ver con el trabajo. En ocasiones forman parte de la estrategia que utilizan para evaluar cómo respondemos ante lo inesperado. Por lo que es mejor estar preparados. Algunas sugerencias:

- *Sobre nuestra situación personal y financiera.* Puede pasar que durante la entrevista de trabajo el empleador haga un comentario como el que le hicieron a mi amiga Laura, recientemente divorciada. "Supongo que su divorcio debe haber sido una experiencia terrible para usted". Esto dio pie para que Laura, sintiéndose en confianza, se lanzara a contar su historia personal, las vicisitudes de su divorcio y lo difícil que fue sobreponerse. Vaya, hasta contó los pormenores del conflicto legal y en qué terminó todo. Cuando se dio cuenta de que estaba hablando de más, era demasiado tarde. El empleador la escuchó sin prisa, pero no volvió a contactarla. También hay comentarios como el siguiente: "Con los intereses actuales, usted debe tener problemas para pagar la casa que compró", y otros semejantes, que pueden ser una trampa para que hablemos de nuestra situación personal y financiera. Como Laura lo comprendió más tarde, no necesariamente tenemos que profundizar al contestar comentarios de este tipo; a veces es mejor contestar escuetamente, sonreír o bien guardar silencio. Si lo prefieres, puedes evadir la pregunta con gracia, diciendo simplemente "supongo que sí", sin agregar comentarios adicionales.

- *Sobre nuestro empleo anterior.* En ocasiones, puede suceder que el entrevistador haga comentarios a nuestro currículo que puedan parecer irónicos o, por el contrario, totalmente inofensivos. Por ejemplo: "Asumo que disfrutó mucho esos seis meses sin trabajar". O: "Supongo que le molestó mucho ser despedido". Ante tales comentarios, lo mejor es ser honestos, responder brevemente y no concederles importancia.

- *Sobre la maternidad y los hijos.* Aunque supuestamente ya no debe haber discriminación laboral, a veces todavía la encontramos. Sobre todo cuando el empleador asume inmediatamente que una mujer joven tendrá hijos y descuidará el trabajo o, si ya los tiene, que le quitarán tiempo y harán que el trabajo pase a segundo plano. A pesar de que se trata de una pregunta personal, es frecuente que quieran conocer nuestros planes familiares. Hay que ser honestos para que no haya sorpresas. Si lo prefieres, puedes salir con gracia del tema diciendo: "Sí, mi marido y yo planeamos tener hijos en algún momento. Sin embargo, yo quiero seguir trabajando y no descuidar mi carrera profesional, que es muy importante". O: "Sí, tengo dos niños y también quien los cuida mientras salgo a trabajar".

- *Sobre religión y orientación sexual.* Si la persona hace preguntas relacionadas con nuestra religión y orientación sexual, es mejor que contestemos con una sonrisa y algo así como: "No creo que esto sea relevante para evaluar mi habilidad y desempeño en el empleo". Es probable que el empleador no esté midiendo o bien que se dé cuenta de que ha cometido un error al formular esa pregunta y cambie de tema.

- *La edad.* Si la persona que busca empleo es mayor de 40 años, las preguntas relacionadas con la edad pueden ser difíciles de manejar. Tomemos en cuenta que actualmente la mayoría de las empresas prefieren contratar personas jóvenes para ocupar las plazas importantes. En este caso, es preferible sacarle ventajas al tema, como destacar la experiencia personal y los conocimientos, las ganas de aprender y la constante búsqueda de nuevos retos. También es bueno poner énfasis en el interés por mantenerse actualizado. Lo más importante será la actitud, independientemente de la edad.

EL MOMENTO DE LA VERDAD

Con un poco de suerte, las cosas pueden ser más fáciles de lo que originalmente pensaste. Si estás seguro de ti mismo y te presentas y preparas bien, no hay nada de qué preocuparse. Sin embargo, no esperes salir de la primera entrevista con un contrato firmado bajo el brazo. Probablemente conocerás el resultado una o dos semanas más tarde. Hay que tener paciencia.

La negociación final

Si hay interés de la empresa, lo más probable es que te hagan dos o más entrevistas antes de que tomen la decisión final. Una vez que te ofrezcan formalmente el empleo, puedes solicitar detalles respecto del salario y beneficios como seguro médico, planes de pensión, retiro, bonificaciones, incentivos y prestaciones. En la mayoría de los casos el trabajo exige, aparte de las horas de oficina, compromisos en muchas otras áreas de nuestra vida, como no tener un horario fijo, viajar, estar fuera de casa por temporadas largas y en ocasiones vivir más en hoteles y aviones que en el propio hogar. ¿Nos gusta? ¿Estamos dispuestos? ¿Vale la pena? Si estamos en posibilidad de elegir y tenemos una familia, sería bueno pensarlo y discutirlo con ella antes de tomar una decisión.

Sobra decir que, una vez aceptado el trabajo, en nuestras manos está hacerlo con pasión y entrega. Nos sentiremos orgullosos de servir a la empresa y a nuestro país, de crecer y desarrollarnos personal y profesionalmente.

La cortesía post entrevista

Algo que añade un punto a tu favor es enviar una breve nota de agradecimiento después de la entrevista. Este detalle hace que te tengan presente y causa muy buena impresión. Puedes enviarla el mismo día o al día siguiente de la entrevista. Como se trata de una relación comercial, la nota puede ser escrita en una tarjeta, a máquina o en computadora, sobre papel blanco o en papel personal membretado. Aquí ofrezco un ejemplo:

> Lic. Hernández:
>
> Quiero agradecerle la oportunidad de entrevistarme con usted. Me doy cuenta de la magnitud e importancia de la empresa y de la gran responsabilidad que requiere el puesto que solicito.
>
> En espera de recibir una noticia favorable, quedo de usted.
>
> Atentamente...

Si por algún motivo la empresa te decepciona y el traba-jo no te interesa más, también es conveniente enviar una nota. Nunca se sabe si en un futuro vuelvas a encontrar al entrevistador o necesites su ayuda o su consejo.

Si al final de la entrevista, quien te entrevistó no aclaró si llamaría para darte su resolución, deja pasar unos días y llámale tú.

En caso de que no consigas el trabajo, puedes pedirle al entrevistador algunas sugerencias sobre cómo hacerlo mejor la próxima vez. También es adecuado pre-guntar si en la empresa hay otro puesto disponible o lo habrá en el futuro.

El miedo al fracaso puede frenar nuestras aspiracio-nes. Si después de prepararnos lo mejor posible para la entrevista nos rechazan, tomémoslo como una experien-cia y una oportunidad de forjarnos el carácter, hallemos en esa prueba una nueva puerta que quizá nos permita encontrar una compañía de mayor relevancia.

Cuando eres el entrevistador

Estar del otro lado de la mesa y ser quien hace la entre-vista requiere también sensibilidad y preparación. Te toca tratar y escuchar a cada uno de los aspirantes con la misma deferencia que lo haríamos con un cliente.

Mientras dure la entrevista, es de cortesía no tomar llamadas telefónicas y evitar la atención de otros asun-tos, para concentrarnos en el entrevistado.

Bien dicen que más mata una duda que un descon-suelo. Si nos colocamos en el lugar del aspirante, sabre-mos que después de la entrevista se sentirá ansioso, especialmente si luego de varios días no tiene noticias sobre el empleo. Por eso, como empleadores, una vez tomada la decisión de a quién contratar, hay que llamar a todos los aspirantes que atendimos, darles la noticia y desearles suerte la próxima vez.

CUANDO ERES EL EMPLEADOR

Cómo despedir a alguien

Si hay un momento difícil en la vida de trabajo, es precisamente ese en el cual tenemos que despedir a un empleado. Y no me refiero aquí a tener que hacerlo por alguna conducta ilegal como robo, acoso sexual o abuso de confianza. Me refiero al despido por recorte de personal en una mala situación financiera de la empresa, o por desarrollo pobre o baja productividad del empleado. ¡Y qué decir cuando el empleado es un amigo o conocemos a su esposa y a sus tres hijos! Es muy duro, por lo que a continuación comparto contigo algunas sugerencias que pueden suavizar el trance:

- Elije el momento adecuado y un lugar tranquilo para dar la noticia. Nunca lo hagas por teléfono ni de prisa.
- Házlo de frente. No pidas a otra persona que haga el trabajo incómodo. Tampoco dejes el recado en la contestadora ni lo envíes por correo electrónico.
- Si el problema es la incompetencia del empleado o un asunto de personalidad, explica muy bien el porqué de la situación. Apóyate en algún reporte escrito o en

algo que soporte tu argumento. Escucha al interesado, permite que hable, que se defienda, pero muestra la evidencia.

Cuando se trata de un buen empleado

- Si la razón del despido es un recorte de personal, muestra gráficas, datos y números para que el despedido comprenda el porqué de la reducción de la empresa.
- Anima al empleado, ayuda a que sienta que pudo ser exitoso en cualquier otro lado. Cuéntale cómo muchas personas en su misma situación han encontrado mejores oportunidades o se han vuelto independientes.
- Demuéstrale tu apoyo. Puedes por ejemplo, levantarte de la mesa y darle una palmada en la espalda. Alguna señal que le transmita lo difícil que es también para ti el asunto.
- Reconoce todo lo que él o ella han hecho por la compañía durante el tiempo en que han laborado allí.
- Si es posible, ofrece ayuda de tu parte o de la compañía. Por ejemplo, una oficina y teléfono por un mes, buenas cartas de recomendación en papelería de la empresa y firmadas.
- Un buen detalle consiste en llamar a la persona despedida por teléfono cada dos semanas para preguntarle cómo va. La sola muestra de interés le levantará la moral.

Cuando eres la persona despedida

- Tras escuchar la mala noticia, evita hablar mal de la empresa con la persona que se le haya notificado.

Nunca se sabe si las cosas mejorarán en poco tiempo y entonces quizá consideren volverte a contratar. De nada sirve dejar una mala impresión.

- No hables mal ni te quejes de la dirección, la gerencia o lo compañeros de trabajo. Tampoco menciones nombres de personas que por su ineficiencia merecerían el despido más que tú. Esto sólo despertará resentimiento y provocará que nadie quiera escuchar tus quejas. Lo que necesitas más que nunca es apoyo, simpatía y consejo. ¿Para qué hacerte de enemigos si se avecinan tiempos difíciles?

- Mejor escribe una carta amable al director mencionando todo lo que aprendiste y disfrutaste trabajando para la empresa. Elogia a tus compañeros y supervisores. Puedes también mencionar los proyectos en que colaboraste y lo que significó formar parte del equipo.

- Deja una buena impresión. Antes de abandonar la oficina, despídete de los compañeros de trabajo. Exprésales lo mucho que te gustó trabajar con ellos y agradece los favores que te hicieron.

- Por último, ve el tiempo de desempleo como una oportunidad para convivir más con tu familia, retomar un deporte o pasatiempo abandonado y descubrir nuevos intereses.

Convierte los viajes de negocios
en una gran oportunidad

El movimiento veloz que agita el mundo no se oye sino andando.

ROBERT DE LAMENNAIS

VIAJES DE NEGOCIOS

Los viajes de negocios son una gran oportunidad de aprender, conocer gente, descubrir lugares, crecer, lograr que se expandan las posibilidades personales y las de la empresa.

Es un hecho que cada vez tendemos a viajar más, y los viajes, aunque tienen su encanto, a veces son muy pesados. Por lo general vamos solos, manejamos muchos kilómetros, tenemos que tomar el primer avión de la mañana, vamos un tanto tensos pensando en la cita o en el trabajo que tendremos que hacer a nuestra llegada. Sin embargo, viajar por negocios es necesario, porque a pesar de todos los avances tecnológicos todavía no existe nada que sustituya el contacto personal, frente a frente.

Recordemos que cuando viajamos así, no sólo representamos a nuestra empresa sino también a nuestro país. La imagen que proyectamos de una y otro es nuestra responsabilidad. Por eso es muy importante prepararnos y actuar con profesionalismo.

¿TODO LISTO?

Primero que nada asegúrate de tener bien organizada la ruta y las reservaciones de hoteles y vuelos, de modo que dispongas de tiempo suficiente para las citas. En ocasiones, llegar tarde o de plano no llegar puede provocar el fin de las negociaciones. Asimismo, conviene averiguar el tipo de clima que te va a tocar y el grado de formalidad de las citas y reuniones a las que tengas que acudir. Sentirte vestido de manera apropiada siempre ayuda a nuestra seguridad.

ME VOY EN AVIÓN

Aunque ya en *El arte de convivir y la cortesía social* abordé algunos detalles sobre los viajes en avión, me gustaría agregar otros.

- Si vas en un viaje de ida y vuelta por breve tiempo, máximo tres días, lo más práctico es llevar una maleta de mano para ahorrar tiempo. Si por alguna circunstancia te toca viajar en un avión pequeño, avioneta, avión corporativo o privado, una maleta pequeña se vuelve imprescindible. En estos casos es mejor llevar una que no sea dura ni grande, para que pueda acomodarse mejor.
- Si vas con un superior, un cliente o el dueño del avión (nunca sabe uno cuando puede suceder), hay que esperar que él aborde primero y te asigne el asiento que quiere que ocupes, ya que unos son más cómodos que otros. Cuando te ofrezcan algo de tomar (si es

que hay quien ofrezca), hay que tener en mente que es difícil tener gran surtido de bebidas en un espacio tan reducido.

- En los aviones, a veces por una turbulencia, un vecino platicador o un niño con dolor de oídos es difícil concentrarnos y trabajar. Así que no hay que confiarse del todo en preparar la junta en esos momentos.

- Elije ropa cómoda, que no te apriete, no se arrugue y te permita llegar perfectamente presentado. Ya sea que te reciban o no en el aeropuerto, nunca sabes a quién conocerás o con quien te encontrarás durante el viaje. Además, ¡qué tal si en la de malas, la maleta se pierde! ¡Imagínate tener que llegar a una junta formal en *jeans* o en *pants*!

- Si sabes que te irán a recoger y tu vuelo está retrasado, un buen detalle es hablar por teléfono para informar y no tener a alguien esperando.

- Volar frecuentemente con una aerolínea o grupo de aerolíneas, además de que da kilómetros y beneficios que todos conocemos, ofrece acceso a salones privados en los que se puede trabajar con muchas facilidades: computadoras, internet, fax.

- Si puedes, viaja un día antes de la reunión de trabajo, para llegar tranquilo, descansado y bien dormido.

- Es importante llevar en la cartera, a la mano, el nombre y la dirección del cliente o persona que vamos a ver, para evitar que se pierdan con el equipaje.

- Para aminorar el *jet lag* en vuelos muy largos, los experimentados recomiendan no tomar alcohol ni café en el avión, comer alimentos ligeros y moverse un poco durante el vuelo.

De preferencia selecciona un hotel en un lugar seguro y que tenga instalaciones ejecutivas: fax, computadora, sala de juntas, internet. Si tienes la oportunidad, pregunta cuál es el más cercano a las oficinas donde se llevará a cabo las reuniones.

En el hotel

- Las reuniones de negocios que se hacen en las habitaciones son incómodas, a menos que se trate de una suite con sala de juntas independiente. Si por alguna razón fuera indispensable reunirse en el cuarto, el lugar debe estar absolutamente ordenado, con las puertas del clóset cerradas. De cualquier manera es mucho más profesional elegir el vestíbulo, una terraza, la cafetería o el restaurante. Los bares no son muy buena idea por la música y el ruido.
- La seguridad. Es conveniente guardar los objetos de valor y los documentos en la caja fuerte del cuarto y, si no existe, en la recepción. Los expertos en este tema recomiendan lo siguiente:
  — Al llegar a la habitación revisa que funcione el teléfono. Por ridículo que parezca, me ha tocado que no sirva y en una emergencia es indispensable.
  — Quizá resulte obvio, pero antes de abrir la puerta es mejor preguntar quién es.
  — Cuando llegues al cuarto, puedes poner el letrero de "no molestar", no sólo por la privacidad sino también por seguridad.

— Al salir es prudente apagar luces y cerrar las ventanas. Incluso dicen que es bueno llevar una pequeña linterna de pilas para alguna emergencia (en mi vida la he llevado, y en caso de emergencia estoy segura de que no la encontraría, pero es lo que los expertos en seguridad recomiendan).

- Muchos hoteles ofrecen como detalle de cortesía batas, pantuflas y toallas especiales. Todos sabemos que no son regalos y sería muy penoso que los tuvieran que cargar a nuestra tarjeta de crédito.

- En general, las empresas procuran dar una habitación a cada ejecutivo. Cuando esto no es posible por razones de presupuesto o disponibilidad en el hotel, seamos respetuosos en cuestiones de higiene y cortesía con nuestro compañero de habitación. Hay que tener el cuarto ordenado, secar el piso después de bañarnos, recoger la ropa, etcétera. Algo importante, si quieres asegurarte un buen descanso, es llevar tapones de oído por si tu compañero ronca en la noche.

- Es muy cómodo habituarse a cerrar la cuenta con el sistema *express check out*. La mayoría de los hoteles tienen este servicio incluso mediante el televisor del cuarto. Cuando lo utilicemos, hay que dejar la llave en un lugar visible en la habitación y dejarla cerrada.

- Así como se premia la fidelidad a las líneas aéreas, los hoteles también tienen programas que otorgan beneficios a los clientes frecuentes: una mejor habitación (*up grade*), la posibilidad de salir más tarde (*late check out*), una canasta de frutas. Si vas muy seguido a determinado lugar —cosa que suele ser común—, es conveniente repetir hotel para que te atiendan mejor.

- Una señal de respeto y educación es hacer uso discreto del minibar, las películas, los servicios de lavandería y tintorería y el teléfono, gastos que no siempre le corresponde pagar a la empresa. De igual manera, un ejecutivo profesional guarda hasta el último recibo y lleva un control de sus gastos para comprobarlos a su regreso.
- Si por alguna razón nos invitan a hospedarnos en una casa, el orden, los horarios y las atenciones cobran mayor importancia.

   En este caso hay que llevar un regalo especial para la familia, no usar el teléfono y ajustarnos a las costumbres de los anfitriones.

ANTES DE VIAJAR

El éxito de un viaje en gran parte radica en su buena planeación. Aquí algunas sugerencias.

- Documentos y papeles. Si sabes que viajarás pronto, revisa las fechas de vencimiento de pasaporte y visa por si tienes que actualizarlos. Ya me he quedado sin viajar por esta razón. Otras cosas que es importante llevar son las tarjetas del seguro médico, una tarjeta de crédito internacional, tarjetas de presentación, la agenda con teléfonos y direcciones.
- De preferencia saca copia fotostática de tus documentos personales y guárdalos por separado. Asimismo, adquiere un portadocumentos cómodo, versátil y de calidad, o por lo menos agrega una funda de plástico al pasaporte para que no se arrugue.

• Equipaje. La maleta, como vimos, debe ser práctica, ligera y de buena calidad. Vale la pena invertir en una que permita guardar la ropa de manera que no se arrugue y a la vez no se confunda con todas las maletas negras que llegan.

¿A DÓNDE VOY?

En un viaje de negocios al extranjero, conviene averiguar todo lo que se pueda sobre el país que vas a visitar, como la geografía, la moneda, la economía, un poco de la historia y las costumbres y tradiciones del país. Si no te da tiempo, por lo menos revisa información básica, como el nombre del presidente, ministro o rey, el partido que representa, los demás partidos. Internet es una excelente fuente de información, o puedes preguntar a quienes hayan visitado ese país.

Si a tu llegada haces algún comentario con los clientes, socios o inversionistas sobre lo destacado de su país, sus artistas, deportistas, cantantes, escritores, héroes nacionales o sobre algún museo en especial, te aseguro que los lugareños lo apreciarán muchísimo. Por el contrario, si notan que ignoramos todo sobre ellos y su país, puede tomarse como un desaire.

En algunas empresas estadunidenses son tan cuidadosos con estos importantes aspectos que, antes de que viajen, ofrecen cursos específicos a sus colaboradores y en algunos casos a las esposas.

Asimismo, si es posible investigar previamente cómo son las personas a las que verás, qué les gusta, cuál es su *hobby*, etcétera. Este tipo de información es excelente para crear empatía y facilitar las relaciones.

EL IDIOMA

Recuerdo que mi papá decía: "Cada idioma que aprendes es otra puerta más de oportunidades en la vida". Vale la pena esforzarse por aprender otras lenguas, de manera relajada y tomándolos con sentido del humor para reírnos de nuestras equivocaciones. La gente de otros países agradece nuestro esfuerzo por hablar su idioma, aunque lo hagamos con muchos errores.

Por lo menos hay que aprenderse unas cuantas frases en el idioma local, como buenos días, gracias, mucho gusto, perdón, qué bonito, hasta mañana, adiós, cuánto es, dónde está el baño.

En caso de que para nada hablemos el idioma, es importante asegurarnos que contaremos con un buen intérprete. De ser posible, de antemano hagamos contacto con él o ella para hablar de los temas que se tratarán en la reunión, de la formalidad que tendrá, de la vestimenta que debe usarse, de los horarios y de la agenda general.

Por cierto, recordemos que interpretar es un trabajo que exige mucha concentración y resulta fatigante. Por eso hay que tener todas las consideraciones con los traductores. Muchas veces, por estar concentrados en las negociaciones, los olvidamos.

Hay muchos detalles que acercan o alejan a las personas, y en cuestiones de negocios las sutilezas siempre son importantes.

DETALLES QUE ACERCAN

- Procura escribir las cartas previas al viaje en el idioma y el estilo de quien las recibirá.
- Pronuncia bien el nombre y apellido de tus clientes.
- Averigua lo que se estila en relación con la puntualidad y cómo son las presentaciones y los saludos según las costumbres del país.
- Si de antemano sabes que viajarás con frecuencia a otro país, es buen detalle hacerse tarjetas de presentación en la lengua del lugar.
- Ve cómo puedes agasajar, invitar, entretener y obsequiar a las personas.
- Familiarízate con los principales periódicos, revistas y canales de televisión del lugar. Así como con los tabúes religiosos, si los hay.
- Hay que mostrarse abierto y sensible a las diferencias culturales, como las costumbres y la comida, y aceptarlas y adaptase con gusto. Así como averiguar qué puede ofender y qué toman como halago.

DETALLES QUE ALEJAN

- Proyectar actitudes de superioridad.
- No saludar en el idioma local.
- Hacer comentarios negativos acerca del país, sus costumbres, su religión o su política.
- Comparar los países de modo que insinuemos superioridad.
- Comentar notoriamente alguna deficiencia de los servicios en aeropuertos, hoteles o restaurantes.

- No adaptarse al ritmo del lugar y de las personas.
- Hacer bromas ofensivas o que nada tengan que ver con el sentido del humor del lugar.
- Referirse a todo en términos de dinero.
- Rechazar la comida local antes de probarla.

SEAMOS INTERNACIONALES

> *Cuando estés en Roma, compórtate como los romanos.*
>
> SAN AGUSTÍN

Una de las mayores preocupaciones de los hombres y mujeres que viajan al exterior, es comprender el protocolo de negocios de otros países.

Sabemos que en una negociación las sutilezas pueden mejorar o empeorar una relación. Así que, si un día tenemos que viajar por cuestiones de negocios a otros países o recibir a extranjeros en el nuestro, conviene saber o recordar algunos puntos clave para conducirnos con más seguridad.

- Los chinos y los japoneses no son afectos a que los toquen, mientras que los latinos nos damos palmadas en la espalda, nos apapachamos, saludamos de beso y hasta de abrazo.
- Los sajones tampoco son muy dados a tocarse y mantienen una distancia superior a la nuestra cuando hablan. Recuerdo una vez que Pablo y yo fuimos con nuestros tres hijos, casi adultos, a cenar a un restaurante extran-

jero. Al salir coincidimos con una pareja que nos preguntó de dónde éramos, ya que les había llamado la atención que nos tocáramos unos a otros. ¡Imagínate! Si esto les asombra entre miembros de una familia, cómo será una relación de trabajo.

- En cuanto a la forma de conducirse en los negocios, lo estadounidenses, los alemanes, los ingleses y los sajones en general van al grano, les molestan los rodeos. Su forma de expresarse puede parecernos brusca. Si no están de acuerdo con algo, lo dicen tal cual y listo. Mientras que los latinos tendemos a dar rodeos, a dorar la píldora, y muchas veces cuando decimos "no" puede significar "tal vez" y en ocasiones "sí".

- Los chinos son los reyes de la paciencia. Demoran días, meses y a veces años en tomar una decisión, por lo que en este renglón se consideran invencibles.

- Los japoneses quieren conocer a la persona, a la empresa y al país antes de empezar a hablar de negocios.

- Los árabes también van con calma, les gusta tomarse tiempo para negociar y no les molesta esperar o hacer esperar. Dicen que esta costumbre viene de las tribus que acostumbraban hacer eternas antesalas para ver a los monarcas y rajás.

El punto es que tenemos que darnos tiempo para entender la forma de hacer negocios de los otros y dar tiempo para que ellos entiendan la nuestra.

TÍTULOS Y PRESENTACIONES

Otro aspecto importante del ejecutivo que viaja es aprender a manejar los títulos.

- En Inglaterra, a la hora de hacer las presentaciones a los británicos les importa el nombre que se menciona primero. Debemos ser cuidadosos de mencionar siempre el de mayor importancia. Si se trata de un cliente, él es el más importante.
- En Italia uno se presenta sólo con el apellido, como López, y luego da la mano. Y a quienes tienen una carrera profesional se les conoce como *dottore* o *dottoressa*.
- En Francia, por ejemplo, a los médicos se les llama "profesores".
- En Alemania, en lugar de llamar por su nombre a la gente, se le designa por su puesto: señor director, señor vicepresidente, señor asesor.
- En India casi todos hablan inglés. Cuando en el saludo quieren marcar formalidad, unen las palmas de las dos manos a la altura del pecho y hacen una pequeña caravana en señal de reverencia a la parte de divinidad que, según sus creencias, todos tenemos. Si el asunto es informal, se saluda de "hola, buenos días", y se da la mano.
- Los japoneses son muy jerárquicos y para ellos las tarjetas de presentación son de gran importancia. Mediante ellas pueden darse cuenta de inmediato de quién es el más importante entre los dos o tres que se estén conociendo, de acuerdo con la empresa y el cargo que

ocupen en ella. Cuando la tarjeta se recibe con las dos manos, es señal de respeto, y se le da entender al otro que aceptamos el estatus superior que tiene. La tarjeta debe leerse cuidadosamente frente a la persona y guardarse en lugar especial, como un bolsillo del saco, o en la bolsa de mano en el caso de las mujeres.

Como recomendación en general, digamos que mundialmente es preferible no usar el primer nombre de las personas, ni hablar de tú hasta que se nos indique.

Para proyectar profesionalismo y credibilidad, conviene ser formales en nuestro trato. Si intentamos ser muy familiares, de entrada pueden descalificarnos. Salvo en Estados Unidos, en donde la informalidad es lo usual.

Recordemos lo que dice Montesquieu: "Nunca se ofende más a los hombres que cuando se choca con sus creencias, ceremonias y costumbres". Así que démosles la importancia debida.

A DONDE FUERES...

Es fascinante aprender las costumbres de otras culturas. ¿Sabías que...?

- *Francia*. Con los franceses es inútil intentar hacer negocios en el desayuno. Simplemente no les gusta. Consideran que a esa hora hay que relajarse, leer el periódico con calma, tomar café y planear el día (lo cual me parece sabio). Se pueden tratar los asuntos durante la comida y la cena, siempre y cuando el tema se aborde una vez terminado el plato principal.

- *España*. Cuando tengamos trato con españoles recordemos que la siesta es sagrada y que durante el mes de agosto nadie trabaja; la mayoría cierra sus negocios para ir de vacaciones.
- *Grecia*. En Grecia se considera obsceno hacer con las manos la indicación de OK. Así que ya sabe.
- *Países árabes*. Los árabes se ofenden si rechazamos el famoso té de menta que ofrecen sin parar durante las juntas de negocios. Además, consideran ofensivo que se les muestre la suela del zapato o se les señale con el dedo. Durante el Ramadán, ellos no aceptan citas desde que sale el sol hasta que se pone, de acuerdo con su religión; ni en viernes que es el día sagrado del Islam. en muchos países árabes está prohibido el alcohol. Algunos que han intentado introducirlo lo pierden en la aduana.
- *India*. En India se usa la mano derecha no sólo para saludar, sino para pasar cosas en la mesa o entregar a las personas, por ejemplo, plumas o papeles, porque la mano izquierda se reserva para la higiene personal. Si usted es zurdo debe informarlo para evitar ofensas.
- *Países escandinavos*. En Escandinavia hay que esperar a que el anfitrión haga el brindis antes de dar un trago a nuestra bebida; de lo contrario, se toma como falta de atención y fineza.
- *Israel*. En Israel está mal visto pedir lácteos como mantequilla para el pan en los restaurantes kosher. La religión lo prohíbe. Durante el Sabbath no se trabaja. Los ortodoxos no manejan coches ni suben a los elevadores. Se espera un *shalom* para expresar hola y adiós.
- *Japón*. En Japón, a la hora de negociar es una falta de respeto mirar a los ojos. Debemos dirigir la mirada al

nudo de la corbata. Las reverencias son más pronunciadas mientras más edad o mayor jerarquía tiene la persona. Les disgustan los gritos y los gestos exagerados. Hay que hablar en voz baja y pausadamente. Para entrar a diversos templos y ciertas casas se acostumbra quitarse los zapatos. No así en la oficina. Si nos ofrecen una toallita caliente para limpiarnos las manos antes de comer, hay que doblarla perfecto al regresarla. En este país la puntualidad es esencial. Si durante la comida escuchamos un fuerte eructo, es señal de que el platillo está muy rico, y hacerlo es natural.

- *China*. A los chinos, como a la mayoría de los orientales, les disgusta el ruido. O que la gente hable fuerte. Tampoco les agrada que se les trate con familiaridad. Si los invitan a una comida, intente comer todo lo que le pongan en el plato, aunque el aspecto no sea atractivo. En una ocasión a Pablo y a mí nos dieron una especie de agua mala gris, gigante y gelatinosa, nada atractiva, como el gran platillo. Ni modo, tuvimos que probarla y, al menos yo, comí muy poco, tuve que excusarme y poner cara de "está deliciosos, pero qué pena, no tengo hambre". Es importante aprender a usar correctamente los palillos.

ALGUNAS RECOMENDACIONES PARA VESTIR

En países conservadores como India, China, Japón y las naciones árabes, es mejor que las mujeres nos tapemos los brazos y evitemos la ropa entallada, los escotes, las minifaldas y los pantalones. Es mejor que el maquillaje y la joyería sean discretos. En el caso de los varones, lo mejor es que usen trajes de colores oscuros y no coloridos.

No es aconsejable vestir de blanco en China, pues significa luto. En general, los hombres deben evitar las camisas de manga corta y los estampados del tipo hawaiano, porque, así sea día de fiesta, denotan poca seriedad.

Los israelíes son serios, pero muy informales en el vestir. Es común encontrar un importante ejecutivo, sin corbata y con camisa abierta. De cualquier manera, más vale prevenir.

Si vamos de negocios a Europa es conveniente llevar ropa elegante de noche, por si tenemos que ir a conciertos o compromisos especiales. En cuanto a la vestimenta de negocios, los europeos suelen ser más formales que los estadounidenses.

QUÉ REGALAR Y QUÉ NO

Si estás en Roma, vive como los romanos.
Si estás en otra parte, vive como los de ese lugar.

SAN AGUSTÍN

Por lo general, los regalos se dan en privado y nunca en la primera reunión.

Consejos prácticos

- El regalo debe ser de precio razonable. Evite los regalos muy caros por aquello de que se pueda tomar como soborno.

- A los extranjeros les agrada recibir un obsequio original de nuestro país, por ejemplo alguna artesanía, y no algo que pueda comprar en cualquier parte del mundo.
- La presentación es muy importante, por lo que es mejor que la envoltura sea elegante.
- Si no conocemos los gustos o intereses de la persona podemos preguntar a su secretaria o a quien lo conozca, para así darle algo que le sirva o le agrade. Evitemos regalar prendas muy personales.
- También se agradece cualquier regalo relacionado con la profesión.
- Si vamos a dar flores, sigamos las tradiciones de cada país. Por ejemplo, las gladiolas, tan apreciadas en Italia, significan luto en muchos lugares. En Japón, regalar una planta en maceta a un enfermo es un insulto, por las supersticiones.
- A los argentinos no les regalemos cuchillos, que para ellos significan romper un negocio.
- En India, evitemos regalar cualquier cosa de vaca, que es un animal sagrado; ni siquiera un marco hecho de piel de res.
- Los árabes son muy generosos con sus regalos. Les encanta recibir cosas de marca y joyería, que para ellos son símbolo de estatus. Llevar licor o vino está mal visto. Es preferible no alabar mucho algo que nos guste en sus oficinas o sus casas, porque se sentirán obligados a regalárnoslo y después tendremos que corresponder con un presente de igual o mayor valor, según la tradición.
- A los chinos les incomoda recibir regalos frente a otros. Los avergüenza y pueden hasta regresarlo. El

peor regalo que se le puede dar a un chino es un reloj, que es símbolo de muerte.

- Cuando regalemos a un japonés, pongamos especial atención en la envoltura. Para ellos allí comienza la atención. Los japoneses abren los regalos en privado. Es importante saber que ellos acostumbran regalar primero y es de mal gusto corresponderles con algo más caro. Como a los árabes, les encantan las marcas. Aprecian las corbatas, las mascadas y el licor. No les gusta recibir artículos electrónicos ni cámaras fotográficas. En general, podemos decir que el regalo se entrega cuando la persona está sola, a menos que llevemos obsequios para todos los presentes.

Regalos que funcionan universalmente

- Chocolates y dulces tipo *gourmet*, no los cotidianos.
- Libros de arte.
- Una colección de discos compactos de música de nuestro país.
- Artesanía fina.
- Accesorios de escritorio.
- Flores.

CUANDO SOMOS LOS ANFITRIONES

Cuando un cliente viene a nuestro país, nos corresponde tener atenciones de cortesía. Por ejemplo, recomendarles un buen hotel y ofrecernos a hacer las reservaciones. Es buen detalle poner en su habitación una canasta de flores, una botella de vino o dulces típicos, además de una agenda bilingüe, un mapa del lugar, una lista de teléfonos que pueden necesitarse y sugerencias de restaurantes, tiendas, exposiciones y museos que pueda visitar en su tiempo libre.

Según la importancia de los visitantes o el grado de compromiso con ellos, decidiremos si amerita enviar un coche que los recoja en el aeropuerto y ofrecernos a organizar su transporte a reuniones y otras actividades.

Los mexicanos tenemos fama de ser muy buenos anfitriones y quienes nos visitan en general se sienten bien recibidos, bien tratados y contentos de estar en nuestro país. Ojalá conservemos tal don.

Una vez pactado un compromiso con quienes visitan nuestra empresa, no podemos romperlo aunque estemos agotados. Al invitar tomemos en cuenta las restricciones dietéticas de nuestros clientes, sean de salud, costumbres o religión. Es preferible elegir restaurantes de cocina internacional para no comprometer a nadie con platillos que puedan parecer extraños. Cuando de recién casados, Pablo, mi marido, llevó a unos estadounidenses a cenar a la casa, me esmeré para darles un menú típico mexicano. Al servir la sopa negra, vi su cara de inquietud y cuando les expliqué que era del hongo que le sale al elote en época de lluvias, casi se desmayan. No se los recomiendo.

Las invitaciones a conciertos, ballet o teatro deben formularse con anticipación y como sugerencia, no como obligación.

INVITACIONES DESPUÉS DEL TRABAJO

En los viajes de negocios es frecuente hacer compromiso para salir a cenar, un concierto o alguna actividad especial.

Algunas compañías europeas acostumbran pagar a sus empleados horas extras cuando llevan a los clientes a cenar o a alguna actividad fuera de horas de oficina. A un amigo que tenía que viajar con frecuencia a Alemania, le llamó la atención que siempre lo invitaran a salir por las noches; nunca los rechazaba por temor a ofenderlos, hasta que se enteró de que lo que buscaban era el pago extra. Desde entonces se niega con toda tranquilidad y se va a dormir temprano.

Si somos nosotros los visitantes y queremos invitar a nuestros clientes en su propia comunidad, es mejor pedirles directamente que nos recomienden sitios que les gusten, sobre todo si es la primera vez que vamos a esa ciudad. También podemos consultar al conserje del hotel y pedirle que compre los boletos o haga las reservaciones.

Nuestros anfitriones también nos invitarán. En este caso es importante mostrarnos entusiastas y agradecidos con su elección. Si por alguna razón no deseamos salir, es mejor aclararlo con todo tacto desde el primer momento, para que no se sientan obligados a pasearnos.

VIAJE DE NEGOCIOS CON LAS ESPOSAS

En algunas ocasiones la compañía invita a las esposas de sus colaboradores y corre con todos los gastos. Cuando es así, seguramente habrá compromisos a los que tendrán que asistir las cónyuges. Los señores deben informar a sus esposas del grado de formalidad del compromiso y el tipo de actividad, para que vistan ropa adecuada.

Es posible que durante el día organicen actividades para las señoras. Sale sobrando decir que en tales ocasiones debe acudirse con actitud positiva, aunque se tenga flojera, no conozca a nadie o no le caiga bien la esposa de otro. Es muy importante, porque una mala cara de la esposa puede perjudicar las negociaciones. Recuerde que las esposas o novias somos las consejeras más cercanas de los hombres y en ocasiones influimos mucho en sus decisiones.

ATIÉNDETE

Los viajes de negocios exigen mucho en lo físico y en lo intelectual. Por alguna extraña razón los aviones siempre cansan; por cómodos que sean, no hay como nuestra cama.

Hay cambios de horarios, de alimentación, de costumbres. Y todo esto provoca estrés.

Por eso hay que cuidarnos un poco:

- Tratar de no viajar el mismo día de la junta.
- Evitar poner horarios demasiado apretados.
- Tomar suficiente agua durante el vuelo.
- Reservar momentos para salir a caminar, correr o nadar con el fin de relajarnos. Hay quienes prefieren meditar o darse un masaje.
- Destinar tiempo para revisar la presentación.

- Descansar para llegar lúcidos, con la cabeza en orden y todo bajo control.

Deseo que con estas recomendaciones, tu próximo viaje de negocios resulte todo un éxito. ¡Buena suerte!

Trabaja, pero...
¡sin dejar de vivir!

La primera riqueza es la salud.

RALPH WALDO EMERSON

¿VIVES CON ESTRÉS?

Ese dolor de espalda que trata de aliviar con una mano mientras con la otra intenta bajar la tensión en la nuca, es señal de que el estrés está haciendo de las suyas. Pocos se salvan. La prisa, las deudas económicas, la inseguridad y las tensiones emocionales son fuente del mal que todos padecemos en la vida moderna: el estrés.

Cada que enfrentamos la agresión de un asaltante, un perro que nos ladra o un coche que se nos cierra, químicamente el cuerpo se sale de balance. Cuando se halla equilibrado en cuanto a temperatura, azúcar y hormonas, nos sentimos física y sicológicamente bien, a esto se le llama "homeóstasis".

Lo interesante es que basta con tener un pensamiento estresante para que se rompa ese balance.

Hay dos tipos de estrés: el eventual y el permanente.

¿Qué pasa en nuestro cuerpo con el estrés eventual?

• Primero, el cerebro segrega hormonas, de las cuales la más conocida es la adrenalina, que nos envía el mensaje de atacar o huir de inmediato. Necesitamos energía, así que vamos a los depósitos de grasa, al hígado y, como en el banco, sacamos todos los ahorros para convertirlos en dinero en efectivo: azúcar para el torrente sanguíneo.

- Para que el azúcar llegue más rápido a los músculos largos de las piernas, aumentamos el ritmo cardiaco, la respiración y la presión sanguínea.

- El cuerpo apaga todos los proyectos a largo plazo. ¡Es lógico! Cierra todo lo que no sea crítico para los siguientes tres minutos de supervivencia. Así que corta la digestión, que es un lujo, y de súbito sentimos la boca seca. ¿Le ha sucedido? ¡Es horrible!

- Se detiene el sistema inmunológico, que cuesta muy caro. El organismo disminuye los glóbulos blancos y guarda las defensas para que salgan a trabajar después, si es que hay después.

- La mente se alerta, la memoria se afina, la pupila se dilata y los sentidos del olfato, el tacto y el oído se agudizan. Por eso recordamos en detalle todo lo que pasó en los tres minutos en que el coche se nos salió de control.

Este tipo de estrés no hace daño, es la respuesta del cuerpo para adaptarse y restaurar el equilibrio. Sin embargo, cuando vivimos en estrés continuo, real o imaginario, la cosa cambia.

¿Qué pasa si el estrés es continuo?

En este caso todas las respuestas a la larga son malas. ¿Por qué?

- Al no poseer reservas de energía en los depósitos —pues la movilizamos constantemente—, los músculos se cansan, el cuerpo se fatiga y nos invade la apatía.
- En el sistema cardiovascular, la presión alta se convierte en una constante. Nuestras venas y arterias comienzan a parecerse a la tubería de una casa vieja. Por dentro se rasgan microscópicamente y es allí donde se adhieren el colesterol y la grasa.
- Las bacterias están a sus anchas. Nos enfermamos fácilmente. El 90 por ciento de las úlceras gástricas, las causa una bacteria. El cuerpo no consume energía en reparar la úlcera, cosa que pospone para cuando pase el estrés.
- Se cancela el crecimiento y la reproducción, ya que representan un gasto de energía enorme. En el hombre baja la testosterona y las mujeres dejan de ovular.
- El cerebro fue alertado por las hormonas, pero con el tiempo éstas se convierten en neurotoxinas y matan las neuronas que tienen que ver con la memoria y el aprendizaje. ¡No nos acordamos de nada!

Si bien lo vemos, ¡es increíble que todos los que padecemos estrés continuo, sigamos vivos!

¿Por qué unas personas se enferman y otras no?

El profesor Hans Seyle, de la universidad McGill en Montreal, quien fue de los primeros en descubrir los efectos del estrés, experimentó en su laboratorio con ratas en diferentes jaulas.

A la primera rata de vez en cuando la sometía a una descarga eléctrica prolongada. A ésta le dio úlcera.

A la segunda rata le aplicaba una descarga de la misma intensidad y por el mismo tiempo, pero ésta tenía un tronco de madera al cual de inmediato corría a rascar y morder. No le dio úlcera, ya que tenía un *hobby* en el cual canalizar su tensión y frustración. El ejercicio, distraernos con algo que nos guste, como una manualidad o la práctica de un deporte, funciona de la misma manera.

A la tercera rata le encendía una luz roja diez segundos antes de aplicarle la corriente eléctrica. El hecho de que la rata pudiera predecir cuándo venía la descarga, le daba la posibilidad de controlarse, lo cual ayudó a que no le diera úlcera. Esto, para nosotros, se traduce en planificar en lo posible la vida; tener una agenda donde podamos anotar los compromisos y tacharlos una vez cumplidos o cancelados, anticipar y prepararnos.

La cuarta rata estaba rodeada de amigos. A ella, el choque eléctrico tampoco le produjo úlcera. Tener un hombro en el cual llorar, frecuentemente a los amigos, juntarse a jugar, a comer, a reír, está demostrado que es una de las grandes terapias contra el estrés.

Para que el dolor de espalda y cuello desaparezca, apreciemos lo que verdaderamente vale en la vida, mantengamos los problemas del trabajo en perspectiva, ya que no importa cuánto vivamos, sino cómo lo hagamos. ¿No crees?

Quien tiene estrés, siempre está muy ocupado, tiene prisa para todo y lo acosa la sensación de que algo le faltó hacer. Cuando maneja se enoja, echa las luces altas, gesticula y trata de rebasar a los otros a como dé lugar. Tiende a trabajar en dos o tres cosas al mismo tiempo. Se acuesta cansado y se levanta cansado. Estando tan ocupado, se apresura durante la comida o de plano deja de comer, y le cuesta trabajo encontrar tiempo para hacer ejercicio o divertirse. Parece que estoy viendo a esa persona. ¿La reconoce? Padece el síndrome del momento: el malhumor.

Quizá ha estado tan presionada con las múltiples demandas de cada día, que no se ha detenido a preguntarse qué está haciendo y mucho menos sabe por qué lo hace.

Si estamos pasando por una etapa como ésa, tal vez nos sintamos incómodos y no nos sea posible explicar las razones. Es difícil que nos demos cuenta, porque "estar ocupado" es adictivo.

Nos sentimos muy bien y somos productivos. Además, es conveniente porque nos evita pensar en nuestros conflictos interpersonales o en áreas de nuestra vida que preferimos evadir. Por ejemplo, es mejor no pensar en el hecho de que un día vamos a morir. Bueno, pues le tengo la noticia de que ¡nos vamos a morir!, así que más vale ir pensando cómo pasaremos nuestro tiempo antes de irnos.

Una de las razones del malhumor es que, aunque creemos saber lo que es importante para nosotros, a la hora de enrolarnos en la búsqueda de logros, metas, felicidad y satisfacción, es muy fácil abandonar lo que de verdad es importante. Lo triste es que en ocasiones ni siquiera nos damos cuenta y necesitamos una llamada de atención para tomar conciencia.

Hay varios tipos de llamadas de atención. Vienen en distintas formas y tamaños: pérdida del sueño, remordimiento, culpa, promesas incumplidas, oportunidades perdidas, la muerte de un ser querido, la pérdida del trabajo, un ataque al corazón, un hijo con problemas de adicción, un accidente, un divorcio, alguna enfermedad seria, y para qué seguir con el inventario. Lo importante es que, con estas llamadas de atención, la vida recobra su lugar como lo más preciado que tenemos y la lista de lo verdaderamente importante se acorta.

Vale la pena reflexionar sobre esta lista de llamadas de atención y preguntarnos: ¿qué es lo que de verdad me sacaría de balance? Imaginemos, pongámonos en el peor de los escenarios. Pensemos en una de las llamadas de atención mencionadas. Haz una visualización lo más apegada a la realidad que puedas. ¿Qué sentirías? ¿Qué harías? Ahora, responde las siguientes tres preguntas.

1. ¿Qué cambiaría en mi vida?
2. ¿Cómo afectaría el tipo de vida que llevo?
3. ¿Qué podría aprender de esta experiencia?

Es un ejercicio difícil, por lo que te sugiero que anotes tus respuestas para que puedas revisarlas periódicamente, en especial cuando te sientas frustrado o fastidiado. Esto puede ayudarnos a pensar en lo que en verdad es importante para nosotros. Una vez que lo hagamos, podremos obtener los beneficios de una lección profunda sin tener que pasar por el dolor que nos causaría vivir tal experiencia.

Nuestra vida, es inevitable, está llena de actividades triviales, tareas, trabajos y proyectos. No podemos hacer que desaparezcan, pero podemos aligerar la carga. Para esto es necesario hacer un alto en el camino; es decir, detenernos unos segundos en algún momento del día y preguntarnos ¿qué pienso?, ¿cómo me siento?, ¿vale la pena?

Es bueno revisar cómo podrían afectarnos en lo físico y lo mental nuestras decisiones, para tomar conciencia y resolver si vale la pena invertirle tanta energía y tiempo a lo que estamos haciendo. Al detenernos, ampliamos el dominio de nuestra razón y podemos retomar el control de nuestra vida.

Es difícil hacer correcciones si estamos inmersos en el carril de alta velocidad. Por eso, cuando nos detenemos podemos ubicarnos en la perspectiva de nuestros verdaderos objetivos y de lo que en verdad tiene valor.

Porque, como dice la frase de Agatón: "Sólo una cosa es negada aun a Dios: el poder de deshacer el pasado". Así que pregúntate: ¿vale la pena?

¡QUÉ BIEN ME SIENTO!

¿Qué te parecería escalar una montaña altísima y, al llegar a la cima, en vez de felicitarte y celebrar tu logro, proponerte de inmediato localizar una montaña aún más alta? Entonces, te empecinarías en continuar el viaje, concentrado sólo en lo que le falta por recorrer. Y al llegar a la siguiente meta, sin disfrutar ni un momento, te prepararías para el siguiente reto. ¿Qué tal que decidieras pasar la vida así, saltando de un reto a otro, sin tomar el tiempo necesario para alegrarse con sus triunfos? ¿Absurdo, verdad?

Esto es lo que muchas veces hacemos con la aceptación personal de nuestros logros: la posponemos.

Es muy posible que alguna vez te hayas dicho: "Me voy a sentir bien conmigo mismo cuando suceda esto o aquello. Por ejemplo, cuando baje diez kilos de peso, cuando me reciba, cuando pase el examen, cuando inicie mi propio negocio, cuando consiga una pareja, cuando no tenga deudas, cuando publique el libro o se casen mis hijos". Y cuando conseguimos igual que antes o de manera similar. Es impresionante, pero la felicidad, la satisfacción o la seguridad que imaginamos casi nunca llega con el logro. O, peor aún, sentimos eso que en psicología se llama "fenómeno del impostor", ese momento en que nos da por pensar que "sólo fue un golpe de suerte", "casualidad", "gracias a fulano que me echó la mano, de lo contrario no lo hubiera logrado". Sentimos que, de alguna manera, no somos merecedores del triunfo. ¿Por qué?

Nos daña muchísimo vivir posponiendo la felicidad por imaginar logros y metas. Primero, porque pasamos por alto el gozo y el disfrute por lo alcanzado. Segundo, porque al no reconocernos entramos a un círculo vicioso en el que nuestra confianza para iniciar nuevos proyectos se debilita y, en consecuencia, surgen los miedos. Miedo a equivocarnos, al ridículo o al fracaso. Y muchas veces vivimos con la esperanza de que, algún día, ese miedo desaparecerá por arte de magia. La realidad es que no es así y, de hecho, sucede lo contrario.

A veces por educación, evitamos hablar bien de nosotros mismos. De niños nos tatuaron en la conciencia que era mejor ser humildes que presumidos. Pensamos que reconocer o expresar nuestros logros y valores es alimentar el ego y la vanidad. ¡No es del todo cierto! Para nuestro sano desarrollo como personas, el reconocimiento personal es tan indispensable como comer.

Es un hecho que no podemos condicionar nuestra confianza a las cosas externas. Entonces, ¿de dónde obtenemos esa confianza? De adentro, de reconocernos capacidad para enfrentar cualquier reto; de la determinación, del compromiso, de la seguridad que desarrollemos para saber que, sin importar lo que se presente, sabremos enfrentarlo.

Para cultivar esta actitud es importante reconocer cada uno de nuestros esfuerzos y logros, por pequeños que sean. Algo tan sencillo como fumar menos, controlar nuestro carácter, lograr una venta, no comer postre, no criticar a nadie, levantarnos a hacer ejercicio. Es muy importante, porque en la medida que nos esforzamos y desplegamos nuestra fuerza de voluntad y vemos avances, la confianza crece.

¿Con cuántas ideas podríamos completar la frase: "Me sentiré bien conmigo mismo cuando…"? Qué te parece si tratamos de cambiar y hacemos lo siguiente:

• Empezar a decirnos frases como: "Qué bien me siento, soy una persona honesta, he estado muy cariñoso (a) con mi familia, estoy ahí cuando mi amigo me necesita, soy muy profesional, todos los días me levanto a hacer ejercicio". Es muy significativo darnos una palmadita en la espalda porque nos anima, nos estimula y nos hace sentir más confianza en nosotros mismos.

- Vamos a vernos reflejados en el espejo de la sinceridad para reconocer nuestros miedos al enfrentar nuevos retos. Tener miedo a fracasar no quiere decir que algo está mal en nosotros, simplemenmente significa que somos seres humanos. Lo importante es reconocerlo y decidirnos a actuar a pesar de todo.

- Hagamos un comercial de nosotros mismos. En unas cuantas frases describamos nuestras cualidades y, como si se tratara de un anuncio que escuchamos en el radio, tratemos de repetirlo mentalmente varias veces al día. No esperemos bajar 10 kilos de peso, a recibirnos, a conseguir pareja o a saldar deudas para sentir confianza. Y, sobre todo, el día que llegue el triunfo aprendamos a disfrutarlo. Recordemos estas líneas de Zig Ziglar: "Ni la montaña más alta, ni el océano más profundo, ni el animal más poderoso pueden creer. Sólo el hombre puede creer". Creamos en nosotros mismos, confiemos en nuestra habilidad para sacar las cosas adelante, enfrentemos nuestros miedos, y sólo así vamos a lograr decir: "Qué bien me siento conmigo mismo... hoy".

¿HOMBRE O MUJER *LIGHT*?

Light es la palabra de moda, la palabra mágica. Con ella se pretende vender una serie de productos de escaso valor calórico que ayudan a mantenernos delgados. Estos productos cada día aparecen en mayor cantidad. Hoy podemos encontrar leche sin crema, mermelada sin azúcar, queso sin grasa, cigarros sin nicotina, cervezas sin alcohol, café sin cafeína.

Lo *light* lleva implícito un mensaje: todo es ligero, suave, descafeinado, liviano, etéreo.

En la actual sociedad del bienestar se ha ido gestando también un tipo de hombre o mujer que el autor español Enrique Rojas llama "hombre *light*", y aunque el término sea masculino también nos abarca a las mujeres. Dado el moderno tipo de vida que llevamos, de no mantenernos alertas es muy fácil caer en esa denominación. ¿Cómo son el hombre o la mujer *light*?

Se trata de seres materialistas y hedonistas, cuya única meta en la vida consiste en alcanzar el éxito. Viven para el exterior, pretenden dar una cierta imagen, una cierta impresión. El bienestar representa la fórmula moderna de la felicidad: buen nivel de vida y ausencia de molestias físicas. Les interesa todo, pero en un nivel superficial. Son personas relativamente bien informadas que sienten la necesidad de leer por encima todos los periódicos. En el momento aquello las distrae, pero poco a poco las convierte, por saturación, en personas superficiales e indiferentes.

Se trata de personas en general prácticas, ligeras, frívolas; en ellas todo se torna etéreo. Buscan el placer y la satisfacción material a toda costa. Sus motivaciones principales son el éxito, el triunfo, la relevancia social.

Para él o para ella es mejor tener que ser y no tienen más amo que el poderoso caballero don dinero.

Padecen una especie de melancolía *new look* de estímulos deslumbrantes y experiencias apáticas que no acaban de llenarlos, de hacerlos felices.

El confort se convierte en filosofía y meta máxima. Todo invita a la ausencia de compromiso. Un ejemplo patente lo hallamos en los matrimonios, para los cuales durar casados veinte o 30 años es utópico, verdaderamente imposible. En general hay una inclinación a lo desechable (no funciona, adiós) y las personas *light* son cada vez más esclavas de sus pasiones, de sus gustos o de su egoísmo.

No hay mejor carta de presentación en un ambiente *light* que ser poderosos o ganar mucho dinero. Él o ella son *workaholics*, adictos al trabajo, ansioso de dinero y éxito profesional, a veces pasando por encima de cualquier valor. Por eso, con frecuencia cosechan fracasos estrepitosos en su vida afectiva y familiar.

El hombre *light* se fabrica una moral a la carta. No es religioso ni es ateo. Se ha construido una forma particular de espiritualidad, según una perspectiva única, la suya, y es él quien decide lo que está bien y lo que está mal.

La televisión es de hecho todo su alimento intelectual; de ahí que derive en un hombre pasivo, escasamente culto. Con él aparece un fenómeno nuevo: la posibilidad de entretenerse cambiando sin cesar los canales televisivos con el control remoto. Le interesa todo y nada a la vez, lo que quiere es pasar el rato sin complicaciones. Este interés por todo y nada a la vez puede traducirse en una clara insatisfacción de fondo.

En la cultura *light* comienza a reinar el consumo psicológico que cultiva cada vez más el narcisismo y se apoya en los horóscopos o la quiromancia, sin que suela acompañarse de un deseo de cambio.

El hombre *light* no es feliz porque no se entrega a nada, se reserva para el disfrute personal: gimnasia, dietas *light*, sauna, cierto espiritualismo oriental, incultura, muchos periódicos y revistas —mucha información, pero sin capacidad de síntesis y sin tiempo para madurar intelectual y personalmente.

¿Cómo salir de esta forma de vida *light*? Primero, aceptando que pertenecemos a esta nueva cultura y definiendo en qué grado, para luego tratar de cambiar. De otra manera, afirma el doctor Rojas, sólo podremos darnos cuenta de la vida light que llevamos mediante una llamada de atención dolorosa o una crisis personal que nos haga recapacitar y replantearnos nuestra forma de vida.

Asimismo, sugiere que desde la butaca veamos nuestra vida objetivamente, pongamos orden y establezcamos una jerarquía de valores, renovando las ilusiones perdidas y aprendiendo a disfrutar de la vida.

Finalmente, hay que aplicar una voluntad firme para llevar a cabo tales propósitos. Se requiere, pues, coraje, espíritu de lucha, tesón, firmeza en los objetivos y congruencia en la vida personal. Sólo viviendo una vida coherente conservaremos la esperanza de encontrar la felicidad.

Te invito a reflexionar. ¿Eres un hombre o una mujer *light*?

Todos hemos escuchado aquello de "errar es humano, perdonar es divino". A este sabio dicho bien podríamos agregarle: "Sobre todo si se trata de nosotros mismos".

Ni modo. Somos humanos y como tales nos equivocamos, metemos la pata, hablamos mal o la regamos a lo largo de nuestra vida. No una sino mil veces.

Cuando tropezamos, nos decepciona, nos sorprende y nos atormenta. ¿Por qué nos cuesta tanto trabajo aceptarlo? No sé. Lo cierto es que escuchamos con frecuencia esa vocecita despiadada del juez interno que nos recuerda puntualmente, aun dormidos, nuestras fallas pasadas.

La naturaleza es muy sabia. Se vale del fracaso y el dolor para hacernos ver, a todas las criaturas vivientes, nuestros errores. Cuando un animal experimenta un percance, se vuelve tímido y cauteloso para evitar que le vuelva a ocurrir. Los humanos debemos ser humildes y tener el coraje de aprender la lección. Darnos cuenta de que cualquier revés puede ser una bendición disfrazada que nos haga ver que las cosas no van por ahí y exigen otro camino. Dickens decía: "Cada fracaso le enseña al hombre algo que necesitaba aprender".

Al vivir el fracaso, aceptamos que la vida no viene con un manual o prueba de fallas. La mayoría hacemos las cosas lo mejor que podemos. Sin embargo, no somos perfectos. La verdad es que somos un trabajo en proceso. Aprendemos de nuestros errores y tropiezos. Lo mejor, en todo momento, es dar nuestro mejor esfuerzo y ser realistas.

Todos somos malabaristas. Intentamos dominar al mismo tiempo diez o veinte pelotas que están en el aire y es absurdo pensar que no se nos caerá ninguna. Evidentemente, algunos errores revisten gravedad. El cálculo equivocado de un cirujano o un controlador aéreo puede ser fatal. Sin embargo, la mayoría de nuestras equivocaciones no son de vida o muerte, no son sino pequeñas cosas que se disfrazan de grandes cosas. Es más, por horripilante o humillante que nos parezca la metida de pata de cierto momento, un día reiremos de ella. Quizás ese día demore, pero sin duda llegará.

También es cierto que aun los pequeños errores pueden causar inconvenientes, conflictos, trabajo extra o gastos. Nadie ha dicho que el camino de la vida carezca de problemas o baches.

En vez de esconderlos o buscar excusas, debemos admitir los errores, disculparnos si es el caso, asumir la responsabilidad y tratar de no repetirlos.

Aunque nadie disfruta la frustración, hay algo liberador en el hecho de aceptar nuestros errores, aceptarlos verdaderamente, como hechos inevitables en la vida. Cuando lo hacemos, podemos perdonarnos a nosotros mismos y despojarnos del estrés que generalmente resulta de la tormenta que azota la conciencia.

Equivocarse, como lo vimos al principio del libro, no es fracasar, aunque a veces así lo queremos ver. Emerson decía: "Nuestra fuerza crece de nuestra debilidad. No es hasta que somos pinchados y picados, cuando estamos adoloridos, que nuestra indignación despierta y se arma de fuerzas secretas".

Lo irónico de la vida es que los jóvenes temen equivocarse y la gente mayor desearía haberse equivocado más. Cuando se vuelven a ver sus vidas, se dan cuenta que su error más grande fue haber sido demasiado cautelosos. En retrospectiva, comprenden que de haberse atrevido a fracasar más, ellos y muchos otros se hubieran beneficiado.

Aunque sea difícil creerlo, equivocarnos tiene beneficios:

- El fracaso revela y rompe los malos hábitos; nos invita a comenzar de nuevo con mejores herramientas.
- El fracaso suple la vanidad y la arrogancia con humildad, y pavimenta el camino para tener relaciones más armoniosas.
- El fracaso provoca un recuento de nuestras cualidades y habilidades, tanto físicas como espirituales.
- El fracaso estimula nuestra fuerza de voluntad, dándole un reto que podrá vencer con mayor esfuerzo.
- El fracaso nos hace madurar y nos da experiencia y sabiduría.
- El fracaso sobre todo es una excelente información y aprendizaje.

Alguna vez escuché la anécdota de una conversación sostenida entre un exitoso empresario y su gerente:

—¿Cómo llegó usted a tener tanto éxito? —preguntó el gerente.

—Tomando buenas decisiones —contestó el empresario.

—¿Pero cómo aprendió a tomar buenas decisiones? —insistió el primero.

—De la experiencia.

—¿Y cómo obtuvo la experiencia?

—Tomando malas decisiones.

Cometer errores no es tan trágico como suponemos. La gente exitosa puede hablarnos de las muchas equivocaciones que hubo en su camino. Incluso se enorgullecen de los logros surgidos directamente o indirectamente de tales equivocaciones. Lo que es un hecho es que la gente triunfadora nunca deja de intentar aprender y arriesgar. Se trata solamente de no cometer el mismo error una segunda vez. Por lo tanto, no hay de qué preocuparse. Equivocarse tiene sus beneficios.

¡QUÉ SUERTE!

¡Qué suerte tiene! Cuántas veces decimos esto al referirnos a una persona. Tenemos la idea de que la suerte es un misterioso atributo que está fuera de nuestro control y favorece sólo a algunos privilegiados. Lo cierto es que tener buena suerte, según los estudios de la psicología moderna, no es accidental ni tiene que ver con magia, superstición o el hallazgo de un trébol de cuatro hojas.

Está en nuestras manos llamar a la suerte, que favorece en especial a quienes aprovechan al máximo sus propios dones y capacidades.

La pregunta que nos inquieta es: ¿cómo puedo atraer la buena suerte? Comparto contigo algunas investigaciones.

- *Tener buenas relaciones.* Mucha de la buena suerte nos llega a través de los demás. No es exagerado decir que cada persona que se cruza en nuestro camino puede ser un factor importante para encontrarla. Si en la vida nos esforzamos por relacionarnos bien con todos con base en la ética, la amabilidad y el arte de saber escuchar, es como si a cada uno le arrojáramos un listón de plata.

Mientras mayor número de listones dispongamos en nuestro derredor, las probabilidades de encontrar la suerte aumentarán. Quizás alguna persona mencione la reflexión que necesitábamos escuchar para cambiar algo en nuestra vida o nos ofrezca una buena idea para el trabajo. Otra tal vez nos presente a alguien que nos ayude a conseguir un empleo o nos ponga en contacto con la pareja de nuestros sueños.

No podemos ser indiferentes a los demás ni poner excusas como "estoy muy ocupado" o "soy muy tímido" ante la posibilidad de conocer nuevas personas. Esto, como el vituperio, el pesimismo y la envidia, es una forma de cerrar vasos comunicantes.

- *Tener hambre de aprender.* Estar informados de lo que sucede en nuestro entorno, leer libros, periódicos, revistas especializadas, enriquece nuestra mente. Todo esto mejora la calidad y el contenido de nuestra conversación, pues disponemos de un más amplio abanico de ideas. Al cultivar la mente, agregamos un eslabón muy fuerte a la cadena de la buena suerte. Dicen bien que el viento favorece al marinero que estudia a fondo las corrientes dominantes del lugar.

- *Ser generosos.* Cuando desinteresadamente ayudamos a quien lo necesita, recibimos los beneficios cuando menos lo esperamos. Lo principal es sentirnos bien con nosotros mismos, y al tocar los corazones se crea un potencial inesperado de buena suerte. Se dice que la vida es como un búmeran: lo que damos de alguna manera regresa.

Un cuento de la mitología griega lo ilustra. Se hallaban Filemón y Baucio comiendo su exigua cena cuando se acercaron dos hombres tan hambrientos como ellos. Inmediatamente, sin dudarlo, invitaron a compartirla. Lo que no sabían es que se trataba de dos dioses disfrazados de mendigos. Como recompensa a tal generosidad, los dioses les dieron una jarra de leche que eternamente estaría llena.

La generosidad debe ser auténtica, no interesada. Dar con el fin calculado de recibir, lejos de atraer la suerte es autodestructivo. Así como dar regalos materiales para lograr un fin práctico no es generosidad. La caridad, cuando se hace como un acto de condescendencia o para engordar el ego del donante, no sirve de nada. En el proceso de atraer la buena suerte, sólo cuenta la generosidad sincera que viene del espíritu.

- *Estar atentos*. La suerte no se acerca a tocar a nuestra puerta. Las oportunidades vienen disfrazadas de mucho trabajo. Necesitamos estar alertas para encontrar la oportunidad. Muchas veces la tenemos frente a nosotros, pero sólo la hemos visto sin observarla, o bien está en aquello que siempre hemos oído pero no escuchado.

- *Tener buen juicio*. Aunque no podemos calcular con exactitud el riesgo asumido al elegir pareja, una carrera o dónde invertir nuestro dinero, el buen juicio y el análisis tienen gran peso antes de tomar cualquier decisión. Como dice el dicho, la verdadera suerte no consiste en tener las mejores cartas de la baraja, sino en saber cuándo levantarse de la mesa.

- *Tener fe*. Sólo cuando hay fe podemos mantener el valor y la integridad necesarios para persistir. La fe es como una armadura. Cuando el espíritu y el ánimo se debilitan, se rompe la cadena de la buena suerte.

Como vemos, la suerte es una fuerza dinámica que está en nuestras manos llamar. Todos tenemos el potencial de desarrollar esa fuerza si cultivamos buenas relaciones, tenemos la inquietud de aprender, somos generosos, permanecemos atentos, tenemos buen juicio y, sobre todo, mucha fe. ¡Que tengas buena suerte!

UNA VIDA CON SENTIDO

"En este mundo sólo existen dos tragedias. Una es no obtener lo que deseamos y la otra es obtenerlo", escribió Óscar Wilde. De momento la frase se antoja contradictoria; bien analizada, nos indica que, por más bienes que acumulemos y logremos metas, en el fondo seguiremos sintiéndonos insatisfechos. Una vez que se consigue lo deseado (poder, fortuna reconocimiento). Nos damos cuenta de que no era lo que buscábamos, pues tales logros sólo se adquieren sacrificando muchas cosas: el tiempo con la familia y los amigos, el descanso, la salud. La satisfacción que requiere el alma, no parece llegar con esto.

El escritor alemán Johann Wolfgang Goethe nos cuenta la permanente búsqueda del ser humano en su

Fausto, obra que inició a los 20 años, retomó a los 40 y terminó apenas antes de morir a los 83. El proceso refleja los cambios interiores que él sufrió en la búsqueda constante del sentido de la vida.

Fausto, un científico de mediana edad, se da cuenta de que ha sido infeliz, ha sacrificado en vano la alegría de vivir en aras de la ciencia. En el poema dice: "Y he estudiado, ¡ay de mí!, filosofía, jurisprudencia y hasta medicina; y también desdichadamente teología. De la cima a la sima, con tenaz ardor. Y heme ahora aquí, pobre necio; tanto sé como sabía antes…"

Un día piensa en lo terrible que será morir sin haber sabido lo que es estar realmente vivo. Por lo tanto decide hacer un pacto con el diablo. Según el pacto, la entregará su alma en el más allá, a cambio de vivir al menos un instante en que de verdad pudiera decir: "Oh instante, cómo vales, ojalá duraras siempre". De no ser así, el diablo perderá la apuesta.

Mefistófeles le concede la totalidad de los placeres: lo rejuvenece, le proporciona dinero, poder, el amor de las mujeres, capacidad de viajar a cualquier parte. Fausto lo tiene todo. Sin embargo, la sed que siente dentro no es saciada. Por más batallas que gana, por más fortuna que acumula, por más mujeres que conquista, sigue infeliz.

Goethe, en la última parte de la obra, ya con 82 años, nos muestra un Fausto que, junto con él, ha envejecido. El personaje se dedica a construir diques para recuperar tierras del mar a fin de que de esta manera puedan vivir y trabajar muchas personas.

Antes de morir, se regocija pensando que un día alguien pueda contemplar esas tierras llenas de vida y libertad. Entonces por primera vez pronuncia las palabras que jamás debió decir, y exclama: "Oh instante, cómo vales, ojalá duraras siempre". Pierde la apuesta con el diablo, pero gana sustancialmente. Su espíritu, finalmente, encuentra la paz.

Esto lo consigue sólo cuando es capaz de cruzar las fronteras de sí mismo y hacer algo en beneficio de los demás.

Lo triste de la historia, me parece, es que el personaje encuentra el sentido de su vida en la vejez. ¡Cuántos años desperdiciados! Goethe nos lo advierte, lo comparte y, mediante su poema, nos invita a la reflexión. El infierno, para él, era tenerlo todo y saber que todavía le faltaba algo.

¿Cuántas veces, en el afán de alcanzar éxito económico, de medir nuestra propia capacidad, de concentrarnos en ser reconocidos, nos sucede lo mismo? Equivocadamente invertimos tiempo, esfuerzo y dinero en nuestra persona para superarnos, ser mejores y lograr un mejor nivel, creyendo que es el camino para obtener la felicidad. La propia búsqueda nos genera angustia, ya que nunca le ponemos fin a nuestra sed. Lo que encontramos es sólo un espejismo de la felicidad.

Al mismo tiempo, la sociedad gratifica y celebra nuestros logros. Nos ciegan las palabras de elogio que escuchamos, nuestro ego se inflama de orgullo y casi nos creemos felices. Sin embargo, en el fondo falta algo.

Al final del día, cuando estemos solos, sabemos que hemos dejado de lado lo importante. Quizá no hemos escuchado a un hijo por acudir a una cita, quizá nos hemos portado irascibles e impacientes con los compañeros de trabajo, la conversación con nuestra pareja se ha reducido a lo indispensable y hemos descuidado a los amigos.

Sin darnos cuenta de que aquello que nos falta para llenar el vacío que sentimos, y que nos afanamos buscándolo por todas partes, lo tenemos frente a nosotros. Es el otro. Sólo a través de alguien distinto de mí, a quien veo con amor, con entrega, con interés en su bienestar y superación, puedo encontrarle sentido a mi vida. El alma no se contenta con el conocimiento, el poder o el dinero, necesita que estos factores se utilicen en el servicio de los demás. Bien lo dice el filósofo Kierkegaard, la felicidad es una puerta que se abre hacia afuera.

Si de alguna manera nos reconocemos en Fausto, ojalá nos sirva el maravilloso poema de Goethe para que, antes de alcanzar la vejez, podamos decir con alegría: "Oh instante, cómo vales, ojalá duraras siempre".

EN DIEZ AÑOS, ¿DÓNDE ESTARÁS?

Hay más cosas en el cielo y en la tierra de lo que ha sido soñado por simples mortales.

WILLIAM SHAKESPEARE

¿Cómo vislumbramos nuestro futuro en diez años? ¿Dónde estaremos? ¿Qué estaremos haciendo? En general sólo pensamos en el mañana inmediato, sin planear nuestros sueños. Lo cierto es que quienes logran el éxito personal, cultural, económico, político o deportivo, son aquellos que planearon su futuro. Si tenemos claro el qué, podremos encontrar el cómo.

Quizás una de las cosas a que se refiere Shakespeare en el epígrafe sea el poder de nuestra mente, ya que con todo y los grandes avances no hemos logrado comprenderlo a fondo. Lo que sí sabemos es que la mente es como un jardín que se puede cultivar o abandonar y nosotros somos sus jardineros; con el tiempo cosechamos los frutos del trabajo o del abandono.

Los atletas son un buen ejemplo de lo que se logra con el poder de la mente. Una entrevista realizada al alemán Chris Poellein, seis veces campeón mundial de esquí alpino, revela que gran parte de su entrenamiento diario consiste en visualizar las pistas para repasar mentalmente cada obstáculo y movimientos de su rutina. Así lo hacen también *Tiger* Woods, campeón mundial de golf, y Lance Armstrong, ciclista cuatro veces ganador de la vuelta de Francia.

El éxito, en cualquier campo, depende principalmente de tener una idea muy clara, algo así como una foto mental, de lo que deseamos lograr.

Visualizar es imaginar intensamente para podernos ver en una situación que todavía no ha ocurrido, pero en la que ya somos capaces de conseguir aquello que deseamos. Por ejemplo, si queremos sentirnos más seguros de nosotros mismos en una situación determinada —que normalmente nos cuesta trabajo—, bueno, pues imaginémonos pasando el examen, platicando con la gente, ganando el partido de tenis o alcanzando la meta de ventas. Todo esto, tranquilos y confiados.

Es importante imaginar el evento como un hecho real que se está viviendo en este momento. Ojo, no te quedes en la simple idea de que *tal vez* pudiera suceder.

Un *videoclip* mental

Al crear un pequeño *videoclip*, éste servirá como guía a nuestra mente.

Imaginemos con lujo de detalles lo que vamos a obtener a consecuencia de cierto logro. Vamos a suponer que tienes que hacer una presentación muy importante ante tus supervisores y jefes. Si te va bien, es probable que te promuevan. Así que en lugar de preocuparse, de esperar o desear que te vaya bien, imagínate que haces la presentación como un profesional y es un éxito. ¡Todos quedan impresionados! ¡Todos te felicitan!

Piensa. ¿Qué se siente haber hecho un gran papel? ¿Cómo estás? De seguro satisfecho, liberado, relajado. Cualquiera que sea tu reacción, víbrala, siéntela en el estómago y aprópiate de ella. Vive con la certeza de que ya lo lograste. ¿Lo puedes ver? El jefe te llama para promoverte, tu corazón late de prisa y tú sonríes satisfecho. La alegría es tan grande que por la noche invitas a tu pareja para que te acompañe a festejar. Ya pasó todo, felicítate.

En las metas a largo plazo el mecanismo funciona igual. Si para lograr nuestro objetivo se requiere de talento, determinación, valor o persistencia, incluyámoslos en el video mental. Remplacemos frases como "Todo va a salir muy bien", por "¡Todo salió muy bien!"

Aquí el concepto clave es la práctica. Por falta de costumbre, al principio la visualización se nos puede dificultar. A veces la mente divaga y no logramos crear la foto perfecta. No importa. Si nos comprometemos a visualizar algo por lo menos cinco minutos una vez al día, sin fallar, nos asombraremos de cómo la mente va creando poco a poco los pensamientos y las escenas que escogimos.

Vale la pena mencionar que un simple pensamiento de vez en cuando no tiene mucho poder. Recuerda que no se trata de imaginar una sola vez durante mucho tiempo sino de imaginar intensamente y con constancia. Es mejor la repetición diaria, en la que se invierten sólo cinco minutos, que imaginar una vez a la semana durante una hora.

Los pensamientos son como una lupa atravesada por los rayos del sol. Si al movernos de un lado a otro, la luz pasa difuminada, casi imperceptible. Sin embargo, si mantenemos la lupa quieta y a la altura correcta, los rayos se concentran en forma tal que se convierten en una fuerza capaz de encender fuego.

Todos tenemos esta capacidad. Nuestros pensamientos son más poderosos de lo que sospechamos y cualquier imagen sembrada en la mente es una fuerza que eventualmente producirá su efecto.

No se trata de magia ni de ilusión. ¡Vaya!, ni siquiera es ciencia ficción. Todos poseemos la habilidad, la herramienta, y está a nuestra disposición para ser usada cuando lo deseemos. Te invito a hacer la prueba. Confía en tí mismo, prepárate, visualiza apasionadamente tu meta y te sorprenderás de los resultados.

GRACIAS

Dice André Compte-Sponville que "toda alegría, incluso la puramente interior, tiene una causa externa; el universo, Dios o la naturaleza: todo. Nadie es causa de sí mismo ni, por lo tanto, de su alegría. Todo se toca y nos toca y nos atraviesa".

A veces, con un poco de soberbia, llegamos a pensar que todo lo hemos hecho solos, sin tomar en cuenta a la infinidad de bendiciones y de personas que han ayudado a perfilar nuestra personalidad, nuestra carrera o nuestro éxito. Nos toca reconocerlas y darles las gracias. También, en ocasiones, olvidamos que somos seres privilegiados y que tenemos un millón de motivos para agradecer. Y hay también momentos en que soslayamos la fragilidad de la vida y pensamos, mágicamente, que va a ser eterna. Es así como perdemos la oportunidad de atrapar ciertos momentos y apreciar la belleza.

Al recibir un don, un regalo, un favor, algo que nos causó placer, o beneficio en un acto de egoísmo —quiero suponer que inconsciente— o distracción, a veces absorbemos la alegría, disfrutamos de un hecho, lo guardamos y olvidamos que otros favorecieron aquello que nos provocó bienestar.

Podemos dar las gracias ¡de tantas maneras! Una sonrisa, una oración, un beso, una mirada, una caricia; o bailando, cantando e incluso trabajando. La gratitud es la más hermosa de las virtudes; nos hace sentir, vivir y apreciar por segunda vez aquello que recibimos. Creo que la gratitud y la paz mental van de la mano. Mientras más agradecemos los regalos de la vida, mejor nos sentimos.

Agradecer es una manera de ser generoso, de dar, de regresar algo a la vida, de compartir. Además, cuando damos las gracias obtenemos tres beneficios. El primero es que creamos conciencia de lo que tenemos, el segundo consiste en darnos cuenta de lo gratuito que ha sido tener las cosas importantes que poseemos y el tercero contribuye a que hagamos más abundantes los privilegios de nuestra vida.

- *Hacer conciencia.* Hay un ejercicio que nos sirve. Cada mañana o por las noches enlistemos un mínimo de diez motivos para dar gracias. Por ejemplo: gracias porque amanecí, gracias por las delicias de la ducha, gracias porque estoy vivo, gracias porque están las personas que amo. Y así podemos continuar. Al poner los dones en palabras, me hago más conciente de ellos y eso me ayuda, al mismo tiempo, a desarrollar mi vida interior.

- *Darme cuenta de que es gratuito.* A veces me doy cuenta de lo fácil que es que nuestra mente se interne en terrenos de lo negativo. Cuando esto ocurre, lo primero que hacemos a un lado es el sentido de gratitud. Comienzo a dar todo por merecido. Incluso mis seres queridos pasan a un segundo plano y cualquier sentimiento noble que pueda albergar lo reemplazo por otro menos noble. Lo cierto es que podemos dar gracias por todo. Dice el proverbio francés que la gratitud es la memoria del corazón. Cómo no dar gracias por el amor que recibo. Al sol por existir. A la vida, a la música, a las flores, a los pájaros. ¿Cuántas veces disfrutamos de todo lo que existe sin siquiera darnos cuenta de que no hicimos absolutamente nada para merecerlo? El punto está en apreciar esto todos los días y acordarnos de dar las gracias.

- *Yo genero abundancia*. Como consecuencia de ser agradecidos y de tener presente todo lo que podemos disfrutar, generamos un estado mental que redundará, sin darnos cuenta, en la creación de un círculo virtuoso. Con cada agradecimiento estaremos generando más y más beneficios, porque retroalimentamos nuestro espíritu y nuestro gusto por la vida. Por el contrario, si sólo fijamos la atención en aquello que no tenemos, en lo que nos falta, nunca seremos felices, nunca estaremos satisfechos. Dice Compte-Sponville: "La gratitud es esta alegría de la memoria, este amor del pasado; no el sufrimiento por lo que ya no es, ni el pesar por lo no fue, sino el recuerdo gozoso de lo que fue; es el tiempo recobrado…"

Hay que dar gracias. Gracias a Dios o al poder superior, a la vida, por los beneficios que cotidianamente nos brinda; a un amigo, a nosotros mismos por reconocer que no hay mejor momento y lugar para estar que éste en el que estamos. Asimismo, debemos gratitud a todas las personas que de alguna manera contribuyen a nuestro bienestar. Sin duda, si nos ponemos a pensar en una persona a la cual le debemos un "gracias", en nuestra mente irán apareciendo muchas más a las cuales también se lo debemos. Mas nunca es tarde para expresarles nuestra gratitud.

Si cada mañana al levantarnos decimos "gracias" es muy difícil, es imposible sentir otra cosa que no sea una paz infinita. Así que, querido lector, muchas gracias.

Bibliografía

ORIOL AMAT Y RAMÓN PUIG, *Frases y anécdotas del mundo empresarial*, Gestión 2000, Barcelona, 1999.

LANCE ARMSTRONG, *It's Not About the Bike*, Berkeley Publishing Group, New York, 2001.

LANI ARREDONDO, *Cómo hacer presentaciones profesionales*, McGraw-Hill, México, 1993.

LETITIA BALDRIGES, *Complete Guide to Executive Manners*, Rawson Associates, New York, 1993.

FRANCESC BELTRI, *Aprender a negociar*, Paidós, Barcelona, 2000.

TONY BUZAN, *The Mind Map Book*, Dutton, New York, 1994.

DALE CARNEGIE, *Cómo ganar amigos e influir sobre las personas*, Hermes, Buenos Aires, 1967.

NORMA CARR-RUFFINO, *Mujer de empresa*, Prentice Hall, Caracas, 1999.

ROBERT CONKLIN, *Cómo hacer que la gente haga cosas*, Grijalbo, Barcelona, 1987.

GUY DESAUNAY, *Cómo tratar eficazmente con el jefe*, Deusto, Bilbao, 1993.

PERRY GARFINKEL AND BRIAN PAUL KAUFMAN, *Command Respect*, Rodale Press, London, 1999.

LILLIAN GLASS, *Toxic People*, St. Martin's Press, New York, 1997.

SAUL W. GELLERMAN, *La motivación en la empresa*, Planeta, 1994.

DANIEL GOLEMAN, *La inteligencia emocional*, Javier Vergara, Buenos Aires, 1996.

MAUREEN GUIRDHAM, *Interpersonal Skills at Work*, Prentice Hall, London, 1995.

JAMES M. JENKS AND JOHN M. KELLY, *Don't Do. Delegate!*, Watts Franklin, London 1985.

DAVID J. LIEBERMAN, *Get Anuone to Do Anything*, St. Martin's Press, New York, 2000.

CAMILO LÓPEZ PÉREZ, *El libro del saber estar*, Plaza & Janés, Barcelona, 1996.

WILLIAM LUNDIN AND KATHLEEN LUNDIN, *When Smart People Work for Dumb Bosses*, McGraw-Hill, New York, 1998.

JUAN MATEO Y JORGE VALDANO, *Liderazgo*, El País-Aguilar, Madrid, 1999.

GEORGE S. ODIORNE, *En el lado humano de la dirección*, Díaz de Santos, Madrid, 1990.

JUAN MANUEL OPI, *Técnicas de negociación transaccional*, Gestión 2000, Barcelona, 1999.

THOMAS J. PETERS Y ROBERT H. WATERMAN JR., *En busca de la excelencia*, Norma, Bogotá, 1982.

PEGGY POST, *Emily Post's Etiquette*, HarperColins, New York, 1997.

ENRIQUE ROJAS, *El hombre light*, Temas de hoy, México, 2001.

SELECCIONES DEL READER'S DIGEST, *Sin temor a equivocarse*, México, 1979.

LUIS SEÑOR, *Diccionario de citas*, Espasa, Madrid, 1998.

ANNETTE SIMONS, *Juegos territoriales*, McGraw-Hill, México, 1998.

CARMEN SOTO DÍEZ, *Las buenas maneras*, Palabra, Madrid, 1995.

JACT TROUT, *El poder de la simplicidad en los negocios*, McGraw-Hill, México, 1998.

NANCY TUCKERMAN AND NANCY DUNNAN, *The Amy Vanderbilt Complete Book of Etiquette*, Doubleday, New York, 1995.

JOE TYE, *1001 ideas para triunfar en su carrera*, Gestión 2000, Barcelona, 2000.

JOSÉ ANTONIO DE URBINA, *El protocolo de los negocios*, Temas de hoy, Barcelona, 1994.

AMY VANDERBILT, *Nuevo libro completo de etiqueta*, Diana, México, 1975.

LILLY WALTERS, *Secrets of successful Speakers*, Mc Graw-Hill, New York, 1993.

MARJABELLE YOUNG STEWART AND MARIAN FAUX, *Executive Etiquette in the New Workplace*, St. Martin's Press, New York, 1996.

Índice analítico

Gaby Vargas

Gaby Vargas es la primera asesora de imagen en México; ha sido empresaria durante 22 años y conferencista en Estados Unidos y Latinoamérica, especializándose en los temas de imagen, comunicación, superación en el trabajo, autoestima y mujer. Ha colaborado en el noticiero MVS, Monitor MVS Radio, y en 16 periódicos, entre los que destacan *El universal* y *Reforma*. Sus obras han vendido más de un millón de ejemplares. Entre los libros que ha publicado se encuentran: *Todo sobre la imagen del éxito*, *El arte de convivir y la cortesía social*, *El arte de convivir en la vida cotidiana*, *Comunícate, cautiva y convence* y *Quiúbole con...*, este último en coautoría con Yordi Rosado.

Cómo triunfar en el trabajo se terminó de imprimir en enero de 2007, en Litográfica Ingramex, S.A. de C.V., Centeno núm. 162, col. Granjas Esmeralda, C.P. 09810, México, D.F.